スラッファの経済

井上博夫 [著]
Hiroo Inoue

Piero Sraffa

東京 白桃書房 神田

はしがき

　本書は，P. Sraffa が主著『商品による商品の生産―経済理論批判序説―』において，D. Ricardo の「不変の価値尺度」問題をどのように解き，Ricardo 経済学をどのように現代に蘇らせたかを追跡したものである。この革命的な書のサブタイトルにある「経済理論批判」とは新古典派経済学批判だけでなく，Ricardo 経済学批判をも含むが，その内容は J. M. Keynes『雇用・利子および貨幣の一般理論』と好対照をなしている。Keynes は「セイ法則」を否定して，雇用に関しては「有効需要の原理」を，利子および貨幣に関しては「流動性選好説」を提唱し，マクロ経済学の基礎を築いた。Keynes はこの移行を「ユークリッド幾何学」から「非ユークリッド幾何学」への移行になぞらえている。Sraffa も新古典派の収穫法則を批判して，Ricardo にしたがい，線形モデルを採用するが，それは新しい均衡理論を導くためではけっしてなかった。Ricardo が求めた「不変の価値尺度」の正体は，Ricardo 自らが否定した A. Smith の支配労働価値説へ立ち戻らないかぎり，捉えられないはずである，Sraffa が第一に示したかったのはこれである。Smith を否定すれば，Ricardo 自身も否定されるのである。Sraffa における「ユークリッド幾何学」から「非ユークリッド幾何学」への移行は，等投下労働量交換の公理系をもつ Ricardo 経済学から Smith 的支配労働によって再構成された，別の公理系をもつ（が同じ収穫不変の）Ricardo 経済学への移行であった，といわねばならない。Keynes は新古典派経済学の一部を完全にマクロ経済学から外そうとしたが，Sraffa は，Ricardo が残したすべての問題に対して，経済学批判として，それらの一般解を与えようとしているのである。

　Sraffa 経済学に関するこれまでの文献は，パソコンを少し動かしただけで

もきわめて多数にのぼり，近刊の *Piero Sraffa: The Man and the Scholar-Exploring His Unpublished Papers*, edited by H. D. Kurz, L. L. Pasinetti, and N. Salvadori, Routledge, 2008 をみても，Sraffa 体系が現在でも多方面から再検討され続けていることがわかる。『商品による商品の生産―経済理論批判序説―』は幾度も読み返されてしかるべきである。本書が Sraffa 再発見の一助になればと願っている。

　白桃書房のスタッフの方々には本書刊行までにたいへんな苦労をおかけしてしまいました。ここに深い謝意を表し，厚く御礼申し上げます。

　2010年1月

筆　者

目　次

はしがき　i

序 ——————————————————————————— 1

第 1 章　非結合生産体系 1 ————————————— 5
　　　　　——剰余生産物（純産出物）ゼロのケース——

- **1-1**　Sraffa による新古典派収穫法則批判　5
- **1-2**　剰余生産物ゼロのもとでの価格体系
　　　— Ricardo の Smith 理解 —　9

第 2 章　非結合生産体系 2 ————————————— 23
　　　　　——正の剰余生産物をともなうケース——

- **2-1**　均等所得率— Ricardo 不変の価値尺度 —　23
  - 2-1-1　生産プロセス　23
  - 2-1-2　剰余生産物ゼロのケース再論　25
  - 2-1-3　均等所得率　27
  - 2-1-4　基礎的生産物と非基礎的生産物　29
  - 2-1-5　いくつかの正規化　31
- **2-2**　標準商品　33
  - 2-2-1　生産手段の価値に対する直接労働量の割合　33

  2-2-2 q 体系 34
  2-2-3 価値方程式 38
 2-3 相対価格と所得分配率 39
  2-3-1 生産手段の，直接労働量への還元 39
  2-3-2 概周期関数 42

第 3 章　結合生産体系 ——————————— 49

 3-1 モデル 49
 3-2 標準商品 51
  3-2-1 基礎的生産物 51
  3-2-2 既約性（分解不能性） 57
 3-3 相対価格と所得分配率 61
  3-3-1 生産手段の，直接労働量への還元 61
  3-3-2 賃金率の変化と相対価格の変化 65
  3-3-3 不等式体系 67
  3-3-4 Steedman の負の価値 73
 3-4 固定資本 75
  3-4-1 耐久的生産手段の評価方法 75
  3-4-2 還元方程式 77

第 4 章　土　　地 ——————————————— 85

 4-1 収穫逓減と差額地代 85
 4-2 レント 88

補論　生産方法の切換え ——————————— 93

参考文献 101

序

　生産の成果がひとびとの間にどのように分配されていくかを調べようとするとき，生産物の大きさは所得分配率より先に，あるいは少なくともそれと同時に決まっていなければならない。パイのかたちも大きさもわかっていないのに，分け前のほうだけを先に決めるわけにはいかないからである。Ricardo は，商品の交換価値が投下労働量の比に等しくなければならないという投下労働価値説の立場から，所得分配率の変化とは独立に生産物の価値の大きさが測れ，しかもそれが正かつ一意であるようにできる「不変の価値尺度」を探し求めたが，目的は十分には果たせなかった。その後，解は K. Marx と Sraffa によって与えられた。本書は Sraffa の解法を主としてとりあげるが，Sraffa においてそうであったように，Marx の方法も表面下で強くはたらいている。

　Sraffa は，主著『商品による商品の生産―経済理論批判序説―』において，Ricardo の「不変の価値尺度」問題を，Stiemke の定理と非負行列に関する固有値問題によって解いたが，そのベースは新古典派批判にあったことを忘れてはならない。そこで，**第 1 章　非結合生産体系 1** においては，まず，Sraffa が『商品による商品の生産』（1960）以前に徹底的に行った，P. H. Wicksteed や A. Marshall の理論展開に対する批判（1925，1926）をとりあげ，需要が一定ならば，Ricardo が想定した収穫不変性は現実をふまえたも

のであることを確認する。では,『商品による商品の生産』第一部はなにゆえに,「剰余生産物」ないし純産出物が正のケースではなく,それがゼロという特殊ケースを出発点としたのか。Stiemke の定理によれば,剰余生産物がゼロのとき,したがって付加価値がゼロであるとき,そのときにかぎり,「不変の価値尺度」のはたらきをする,ある正の価格ベクトルが不動点として存在する。ところが,Ricardo は,Smith の,剰余生産物ゼロの「初期未開社会」における物々交換の例を引きながら,賃労働者と生産手段の所有者の存在を措定して,Smith の支配労働価値説を非難する。こうした批判が歴史認識を欠いているのは明らかで,Ricardo 経済学の再生は,Marx を待つ以外は,Smith 的支配労働価値説によって再構成されねばならなかったのである。Sraffa は,Marx に影響を受けながらも,彼とは少し距離をおいて,初期未開社会に Smith と Ricardo のつながりをみていたといえる。

第2章 非結合生産体系2で主にとりあげるのは,非結合生産のもとで正の剰余生産物をもつような体系における「不変の価値尺度」としての「標準商品」である。Ricardo のいう「不変の価値尺度」は名目所得率(付加価値率)の均等化ないし「資本構成」の平均化を反映する価格体系のもとで与えられるが,Sraffa は,この抽象的で,とらえどころのない均等名目率を,標準商品から成る量的体系としての「q 体系」によって,それと同じ値の均等実質率として捉え返すことができる,という決定的事実を固有値問題のなかで明らかにしていく。そのさい,もし標準商品ベクトルがゼロ成分を含むとすれば,その価値尺度としての意味はまったくなくなる。自商品の生産だけでなく,他商品の生産に生産手段として入り込む「基礎的生産物」と,そうではない「非基礎的生産物」が区別されるのはこのためである。後者の数量ないし価格がゼロとなる可能性はけっして否定できないのである。

次に Sraffa がめざしたのは,生産手段の価値の「労働への還元」が標準商品体系のもとでなければ実際上不可能であることの証明であった。しかし,Sraffa は,相対価格の変化が所得分配率の変化に及ばないという Ricardo の推論が,標準商品の概念を導入しさえすれば,論理的に正しいことを証明している。そこで,本書では,(Sraffa が mathematical friend とよんだ A. S.

Besicovitch がその分野では著名であるが），(Bohr の)「概周期関数」によってその証明をフォローしてみた。

　非結合生産から結合生産へ移行すると，基礎的生産物の定義は変更を余儀なくされ，また標準商品の量とその価格が負数や複素数となる可能性も大きくなる。**第3章　結合生産体系**においては，直面せざるをえない負の価値，負の労働量を Sraffa がどのように扱ったかを追跡する。Sraffa は負の価値を負債に対応させている。Ricardo 的投下労働価値説では，負の労働量それ自体が無意味である。本書では，支配労働を機会費用の概念に対応させ，負の労働量を負の支配労働量として扱っている。が，Sraffa がなにより懸念していたのは，非結合生産のケースと同様，ゼロの数量やゼロの価格が q 体系や価格体系に現れることであったとおもわれる。本書では，Sraffa による基礎的生産物の定義を用いて非ゼロ解の存在証明を試みている。また，基礎的生産物の定義は行列の「分解不能性」に深くかかわるため，D. Gale の「既約」概念と C. F. Manara の定式化にもふれておいた。

　もうひとつの，複素数のケースは不等式体系に対応させてみた。この作業はもとの Sraffa 体系を破壊しかねないが，そのことによって可能となる「価値方程式」批判は現代の線形 Marx モデルに対する堅実な批判につながる，とおもわれる。

　Sraffa は，Ricardo が「価値修正」要因としてあげた固定資本の耐用年数の相違に関する問題を結合生産モデルのなかで解消していく。他方で，それとは別の修正要因，固定資本・流動資本比率の（資本構成における）部門間不均等性および流動資本の変化が相対価格に与える影響の問題については，非結合生産におけるのと同様の「還元方程式」を再登場させ，標準商品が結合生産においても堅固な「不変の価値尺度」であることを証明している。

　第4章　土地でみていくのは，Sraffa が第二部の最後でとりあげた Ricardo 差額地代論である。Sraffa は，需要が連続的に増加するとき，差額地代をともなう（生産量の変化から独立な）平均費用は，不連続に上昇し，長期的収穫逓減現象が生ずるとする。この差額地代論の延長として，Sraffa は，レント一般をコストゼロの陳腐化した機械や本源的生産要素のような非

基礎財のもとに発生する正の剰余にみている。ここで Sraffa が提示しようしているのは，標準商品を経由した，Marshall レント概念の長期的展望であるとおもわれる。しかし，土地は非基礎財であるため，差額地代論に標準体系の時間的変化を間接的にしか反映できない。その具体的な展開は最後の第三部「生産方法の切換え」においてなされている。はじめのほうで Sraffa が示した，利潤率の連続的変化に対する生産方法の再切換えの事例はまさしく「ケンブリッジ資本論争」の 1 つの中核をなすテーマであったといえるが，本書は第三部を Ricardo 経済学再建の一環として受けとめ，Ricardo「機械論」との関連に焦点を絞り，「ケンブリッジ資本論争」とのかかわりについてはふれていない。「生産方法の切換え」についての検討をあえて補論としたのはこのゆえである。

第 1 章

非結合生産体系 1
——剰余生産物（純産出物）ゼロのケース——

1-1 ■ Sraffaによる新古典派収穫法則批判

　Sraffa［1］は『商品による商品の生産』「序文」の冒頭で，「需要と供給の均衡のタームで考えることに慣れている人なら誰しも，これからのページを読むにあたって，そこでの議論が一切の産業における収益不変という暗黙の仮定に立っていると想定しようとするかもしれない。」「だが，実際には，そのような仮定は立てられていない。産出高の変化も，また」（第三部を除いて）「各種の生産手段が一つの産業によって使用される割合の変化も，考えられていない。だから，収益の変動だとか，その恒常性だとかに関する問題はでてこない。そこでの研究は」F. Quesnayから受け継がれた，「生産規模の変化だとか「要素」の割合の変化だとかに依存しないような経済体系の性質に，もっぱら係わっている」と述べ，以後「アダム・スミスからリカードにいたる古い古典派経済学者の立場」が堅持されると述べて[1]，新古典派の考え方を「古い古典派」の世界に埋没させていく。もしSraffaが収穫不変の「暗黙の仮定」を採用しているようにみえるとすれば，それは，新古典派的収穫法則になんの疑いももたない人々にとって，競争条件のもとでは収穫不変以外にはありえないという事実が収穫法則の一部を反映する特殊事

例のようにみえるからである。収穫法則自体，現実妥当性をもたない恣意的な構築物にすぎない，というのがSraffaの主張であった。

　Sraffaは，「生産費用と生産量との関係について」(1925)（[2]）（以下では「費用論文」とよぶ）と「競争条件のもとにおける収益法則」(1926)（[3]）（以下では「収益論文」とよぶ）において，Marshall [4]に代表される新古典派の収穫法則ないし費用法則のもつ論理的矛盾とその非現実性をきびしく追及し，新古典派が自らを価値論不在の世界へ向かわせた経緯を明らかにしている。この新古典派批判が一方で現代不完全競争理論へのきわめて重要な貢献へつながり，他方で，「古い」古典派経済学の再構築へとつながっている。われわれのここでの主な関心は後者のほうにある。

　「費用論文」において次のような問題が提起された。新古典派のいう費用不変・逓増・逓減の「基本的なる分類」は「産業に固有の客観的なる事情によってつくられ」，「あるいは」，「観察者がとる観点に左右される」といえないであろうか，また「費用逓増と逓減とは，同一産業にかんして同時にあらわれる，同一費用のことなったアスペクト」といえないであろうか，つまり，「《産業》の定義におうじて，また短期もしくは長期が考えられるのにおうじて，ある一つの産業は，そうしたカテゴリーのいずれかに恣意的に分類され」ているのではなかろうか[2]と。Sraffaによれば，需要増加にともなう（費用逓増の意味での）収穫逓減は，Ricardo [5]において「地代との関係」で所得分配論とむすびつき，収穫逓増のほうは，Smith [6]において，その結果としての「分業との関係」で生産論とむすびついており，いずれも長期分析であった[3]。すなわち，限界分析はその誕生のはじめから"他の条件が等しければ,"という偏微分可能であるための1つの重い制約を背負っており，本来的に短期分析の性格を帯びていたから，古典派の伝統と相容れない部分が生じたとしてもなんの不思議もなかったのである[4]。

　Sraffaは，Marshallのように，限界効用逓減と規模に関する，また投入比率に関する収穫逓減の間の類似性を「人間性と産業技術というような二つの異質的要因」に求めるのは「あまりにも奇妙なことではあるまいか」，まして，限界生産力の「逓減を発生させる」，産業間で異なるはずの「《技術的

条件》が大多数の」「産業において似ており，」「効用の《生産》にさえ類似」するなど，生産分析上，「ありうべき」想定「ではない」と論難する[5]。

　Sraffa は，Ricardo が同一の土地に関する収穫逓減よりも，穀物需要が連続的に増加して，次第に劣等地の耕作を余儀なくされるばあいにみられる，長期の収穫逓減を重視していたとし，Wicksteed の行った Ricardo 批判に次のように反批判を加えている。Wicksteed は「生産力曲線を記述的曲線と函数的曲線」に分け，前者を次のように「構成する。」肥沃度の異なる「土地」を「X軸に」，「それらに等量の資本と労働が投下される」ときの「相対的豊度」ないし相対的収穫量を「Y軸に」とる。後者については，こんどは，X軸には，与えられた肥沃度をもつ「与えられた面積」の土地に投下される資本と労働の量をとる。Wicksteed は，前者の記述的曲線のばあい，各Xの「位置は，その収益そのものによって決定」されるとしているようで，したがって「Yの高さがXの長さに依存しない」と考え，X軸の右端に「限界地」をおく土地の配列の仕方は「恣意的」であるとし，「その上に基礎づけられているリカードの地代論のあらゆる価値を否定する。」そうして，後者の函数的曲線の考え方を「《分配論の限界理論》の基礎としてうけいれる。」[6] ところが，限界生産力は（偏導関数の定義により）要素の追加投入量だけでなく，その投入量の絶対水準にも，したがって要素使用方法の多様性にも依存するから，限界分析のいう収穫逓減が生ずるのは「ヨリすぐれた使用法がすでにことごとく使いはたされ」，「これらの用法」が「物理的なる必然性によってではなく，《恣意的に》逓減的順序に排列され」ているためである，と Sraffa はいう。すなわち，函数的曲線における《恣意性》のほうが収穫逓減現象の説明をもっと不明瞭なものにしているのである[7]。

　Ricardo における収穫逓減は「物理的原因ではなくむしろ，経済的要因」としての需要の連続的増加に「帰属」する，というのが Sraffa の結論で[8]，Sraffa は，たとえ穀物需要一定という条件のもとでも，肥沃度の最も高い土地のみ耕作され，最適生産量が達成されるまでは収穫不変を措定しうるとし，Ricardo の差額地代論を，収穫「逓減法則が土地の多様性に基礎づけられているほうが，資本と労働の投下分の多様性もしくは同じ投下分が使用される

方法の多様性に基礎づけられているばあいよりは，この法則の確実性と一般性とがはるかに大きくなる」(9)という視点から捉えていくのである。じっさい，Sraffa は，ある穀物の栽培において，平均生産物曲線と限界生産物曲線とがともに凹となるときでも，穀物需要が一定ならば，両曲線が一致するような肥沃度の最も高い，したがって平均生産物の量が最大となる「点にまで耕作すれば所要の生産物が与えられるような土地のみ」が耕作され，耕作者は，「すべての土地をただの一回だけ種まきし耕作するかわりに，たとえば，土地の半分を三回だけ種まきし耕作しようと」し，収穫不変の事実だけが観察される(10)とする。収穫逓減がみられるのは，新たな穀物需要が生じ，穀物価格が騰貴していく長期であり，地代を生まない限界地の出現は，新たな耕作者のもつ生産技術の優劣とは無関係である。

　もしある生産要素がボトル・ネックとなり，短期的に産業全体が（新古典派の意味で）収穫逓減となる場合も，個別企業は，生産量が比較的少ないときには，可変的要素に対する固定的要素の相対的過剰によって規模の経済を享受することができ（要素投入比率に関する個別的収穫逓増），固定「的要素の消耗を」強化せずに「競争者の犠牲において」当該要素を獲得できるから，上述の生産技術に関する恣意的順序の出現は偶然にすぎない。しかも，個別企業のこの調整は固定的要素のうち動かしうる量が微小であるからこそ可能なのであり，「生産者の全体にとっては」それは「可能ではない」。つまり，価格＝限界費用をみたす，「この種の一連の個別供給曲線を総計することは不合理である。なぜなら，これらの個別供給曲線のそれぞれは，他の個別生産者の生産が不変だという条件においてしか妥当しえないものだからである」(11)と Sraffa はいう。もっとも，Sraffa は個別供給曲線のたんなる集計結果を Marshall における産業の供給曲線とは考えていない(12)が。

　このように，"他の条件が等しければ" という前提のもとに求められた，個別利潤が最大となるための，互いに相異なる条件をそのまま集計しても，ほとんど意味はない。新古典派の主張が成立するのは，要素使用方法の配列が「恣意的」ではなく，土地の肥沃度の順序と企業効率の順序が同じであるようにできるとき，そのときにかぎる。しかし，その配列は，もし出現して

も，短期的で一時的なものにすぎず，「もしある」「産業において企業の数が増加するばあいには，最後に出現した企業がもっとも効率がひくいとはいえない。そのような企業は限界地とはことなり，最初に利用されなかったのではなく，他の産業に属していたからである」[13]としなければならない，とSraffaはいう。

　結局，需要一定の条件下での産業における，一見収穫逓減とみえる現象も，競争的諸力が「すべての」商品の生産費を生産量の増加とともに一様に上昇させ，商品の相対価格を不変にとどめるから，個別企業の平均費用は生産量から独立した一定値をとり，したがって収穫不変の事実だけが観察されるのである。限界生産力逓減と限界効用逓減による新古典派的価格形成論はRicardoの所得分配ダイナミックスにおいて「不変の価値尺度」をうるためのいかなる手段も提供しない。

　他方，収穫逓増が競争条件と相容れず，市場の独占化につながっていくのは明らかである。こうして，Sraffaは，競争条件のもとでは，「費用逓増および逓減いずれの傾向も存在しないことのほうが，」「ヨリ一般的だと考えられるべきであり，」「これこそがまさしくリカードの見解であったにちがいない」[14]とし，需要条件が変らないかぎり，「一般に，商品は費用不変の条件において生産されるということがみとめられねばなるまい」[15]と結論するのである。

　Sraffaは，「費用論文」に続く「収益論文」において，新古典派の収穫法則の理論的困難さに再度言及し，独自の独占モデルを展開して，現代独占理論の形成に大きく寄与している。その詳細にふれる余裕はないが，次の，Sraffa独占理論は動学的であるが，後のJ. RobinsonやE. Chamberlinのそれは静学的である，というP. Sylos Labini［7］の指摘には耳を傾けるべきであろう。

1-2 ■ 剰余生産物ゼロのもとでの価格体系―RicardoのSmith理解―

　『商品による商品の生産』の出発点は「生存のための生産」である。最初

の例を，投入ベクトル→産出ベクトルのかたちの生産プロセスとして表せば，

〔280クォーターの小麦，12トンの鉄〕
　　　→〔400クォーターの小麦，0トンの鉄〕
〔120クォーターの小麦，8トンの鉄〕
　　　→〔0クォーターの小麦，20トンの鉄〕

ただし，小麦と鉄の「いくぶんかは労働者に対する生計費として使われ，」「労働者に対する必需品」に対応する，とされる。

両プロセスへの小麦の総投入量（280＋120）クォーターはその総産出量400クォーターに等しく，同じく，鉄の総投入量（12＋8）トンはその総産出量20トンに等しいから，この経済には，「剰余生産物」すなわち純産出物がなにもない。にもかかわらず，Sraffa は，鉄と小麦の交換比率について，「もしそれが市場によって採用されれば，生産物の当初の配分を復元し，上の」プロセス「を反復することが可能」となるために「必要とされる交換価値は一トンの鉄に対する一〇クォーターの小麦である」[16]とする。ここで，「生産物の当初の配分」の比率「を復元し，上の」プロセス「を反復することが可能」であるとは，任意の $q_W≧0$, $q_I≧0$ に対して，

q_W〔280クォーターの小麦，12トンの鉄〕
　　　→ q_W〔400クォーターの小麦，0トンの鉄〕
q_I〔120クォーターの小麦，8トンの鉄〕
　　　→ q_I〔0クォーターの小麦，20トンの鉄〕

となり，生産の線形性が保たれることであり，そのために「必要とされる交換価値」とは，小麦の価格を p_W，鉄の価格を p_I とするとき，生産プロセスごとの，投入物の総価値＝産出物の総価値を表す，次の連立1次方程式，

$280p_W+12p_I=400p_W$
$120p_W+8p_I=20p_I$

を解いて求まる相対価格 $p_I/p_W=10$ のことであり，$p_W=1$ とすれば，「一義

的な交換価値の組み合わせ」が $[p_w, p_l]=[1, 10]$ のように求まることである。すなわち，この例は，分配されるべき剰余生産物がどこにもなく，所得ゼロの経済であるにもかかわらず，収穫不変のもとで生産調整が行われるかぎり，相対価格を決定する機構が必ず存在することを示した例である。が，このことと新古典派の収穫法則とはなんの関係もない。Sraffa が主張しているのは，(剰余生産物の有無に関係なく)，競争条件下の交換価値の決定には，

> どの生産プロセスにおける投入量も産出量と比例し，平均費用は生産量から独立した一定値をとる

という現実をふまえたものでなければねばならない，ということである。

では，Sraffa は，交換価値の決定にさいして，なぜ最初に，剰余生産物のない，したがって付加価値も観察されないような，とくに Marx 経済学の立場からすれば一見して無意味とおもわれる，このような例をあげたのであろうか。また，これに続いて 3 商品の例をあげているものの，剰余生産物ゼロの量的体系の一般形を提示することなく，価格体系の一般形だけを提示したのであろうか。理由は 2 つあった。

1 つは，剰余生産物のない，いかなる経済にも必ず正の交換価値が存在することが線形代数学の 1 基本定理，Stiemke の定理によって確かめられるからである。Sraffa はそれを数学的帰納法によって証明しているようにみえる。

いま，経済には，m 種の利用可能な生産プロセスと n 種の商品が存在するとしよう。生産プロセス P_i における商品 j の投入量を a_{ij}，その産出量を b_{ij} とすれば，P_i は，投入行ベクトル $a_i'=[a_{i1}, \cdots, a_{in}]$ と産出行ベクトル $b_i'=[b_{i1}, \cdots, b_{in}]$ との対応として，

$$P_i : a_i' \rightarrow b_i',\ i=1, \cdots, m$$

で表される。a_i' を第 i 行とする投入行列を A とし，b_i' を第 i 行とする産出行列を B とすれば，P_i の全体 P は，$P : A \rightarrow B$ のようにも表される。

『商品による商品の生産』「第一部」では，線形の非結合生産が措定され，しかも $m=n=k$ とされることが多い。したがって，ここでも，A と B はと

もに k 次の非負（どの成分も正またはゼロの）正方行列で，とくに B は (i, i) 成分を商品 i の産出量 b_i, $i=1, \cdots, k$ とする対角行列である。k 次元単位行ベクトルを e_i', $i=1, \cdots, k$ とすれば，P_i は，

$$P_i : a_i' \to b_i e_i', \ i=1, \cdots, k$$

のように表される。

いま，商品 j の価格を p_j とし，価格列ベクトルを $p=[p_1, \cdots, p_k]'$ とすれば，剰余生産物ゼロのケースにおける価格体系は，どの生産プロセスにも付加価値が生まれないことから，

$$a_i' p = b_i p_i, \ i=1, \cdots, k$$

または

$$Ap = Bp$$

によって与えられる。

このとき，行列 C に対して，次が成り立つ（証明は二階堂 [8] 参照）。

(Stiemke の定理) $Cp=0$ が解 $p>0$ をもつための必要十分条件は，$q'C \geqq 0'$ が解 q' をもたないことである。

ただし，$p \geqq 0$ $(p>0)$ は，p のすべての成分が非負（正）となることを意味し，$p \geq 0$ は $p \geqq 0$ かつ $p \neq 0$ を意味する。

$C=B-A$ に対して，Stiemke の定理によれば，$[B-A]p=0$ が解 $p>0$ をもち，正の相対価格が存在するのは，たとえ社会が $q'=[q_1, \cdots, q_k] \geq 0'$ に対して，

$$q'[B-A] \geqq 0'$$

の関係を保持し，すべての剰余生産物（純産出物）が非負であったとしても，

$$q'[B-A] = 0'$$

となり，すべての剰余生産物がゼロとなるとき，そのときにかぎる。すなわち，Sraffa は，剰余生産物ゼロのケースとしての「生存のための生産」の一般形を

$$Bp=Ap, p>0$$

という正の交換価値を保つようなシステムをとおして提示していたのである[17]。

　Sraffa が剰余生産物ゼロのケースを『商品による商品の生産』のはじめに提示したのには，もう1つの理由があった。Ricardo における「不変の価値尺度」問題に決着をつけようとしている Sraffa にとって，需要が一定ならば収穫不変であるが，需要が連続的に増加するときには不連続な費用逓増ないし収穫逓減を前提する Ricardo と，これもおそらく不連続な費用逓減ないし収穫逓増を前提する Smith が出会うのはこの，最終需要も付加価値もない，収穫逓減でも逓増でもないケースでしかなかったからである。

　Ricardo は，『経済学および課税の原理』「第一章　価値について」において，Smith にしたがい，財貨のもつ価値を使用価値と交換価値に分けるが，「その価値がもっぱら稀少性のみによって決定されるような商品」は，「日々市場で取引される商品総量のきわめて小部分を占めているにすぎない。欲求の対象である財貨の大部分は，労働によって取得される」から，「商品について，その交換価値について，またその相対価格を左右する法則について論ずるばあいには，われわれは，つねに，人間の勤労のはたらきによって分量を増加させることができ，またその生産には際限なく競争が行われるような，そのような商品のみを考えているのである」[18] と述べ，Smith の，「あらゆる物の実質価格（real price）つまりあらゆる物がそれを獲得しようと欲する人に現実についやせるものは，それを獲得するための労苦と煩労である。それを獲得して売りさばいたり，他の物と交換したりしようと欲する人にとって，あらゆる物が現実にどれほどの値いがあるかといえば，それはこの物がその人自身に節約させうる労苦や煩労であり，またこの物が他の人々に課しうる労苦と煩労であ」り，また「労働こそは，最初の価格，つまりいっさ

いの物に支払われた本源的な購買貨幣（original purchase money）であった」[19]という認識を投下労働価値説の立場から継承していく。任意の2商品が等価であるのは（したがって，すべての商品が等価であるのは），商品に投下された労働量が等しいとき，そのときにかぎるとする（多少の修正はあったが）Ricardoは，Smithの，労働（者）が購入しうるのは，「実際のところ，」「あるときには比較的多量であろうし，またあるときには比較的少量であろうが，変動するのはそれらの財貨の価値であって，それらを購買する労働の価値ではない」から，「それ自体の価値がけっして変動しない労働だけが，いつどのようなところでも，それによっていっさいの商品の価値が評価され，また比較されうるところの，窮極の，しかも実質的標準である。労働はいっさいの商品の実質価格であるが，貨幣はその名目価格（norminal price）であるにすぎない」[20]という論述を矛盾と受けとめるのである。

　Smithの価値論は，はたしてそうなのであろうか。Smithは，資本主義以前の「資材の蓄積と土地の占有との双方に先行する初期未開の社会」における交換の典型的な例として，ビーバーと鹿の交換例をあげ，ビーバー1頭を獲るには，鹿1頭を獲る2倍の「労苦と煩労」に等しい労働を要することが「狩猟民のあいだで」了解されているならば，交換はビーバー1頭対鹿2頭となるはずであるとする[21]。RicardoはSmithのこの交換例を次のように理解した。一般に，交換価値は投下労働量によって決まるから，2商品が交換可能であるためには，他の人々の「労苦と煩労」に「実質的な」対価が支払われねばならず，任意の2物間の交換（したがってすべての商品間の交換）が成立するためには，互いが互いの商品の生産における実質的な投下労働量を測定しうることが十分である，と。しかし，Smithの，他の財に比べて，「それ自体の価値がけっして変動しない労働だけが」「窮極の，しかも実質的標準である」という見解から，商品価値の大きさはそれに投下された労働の「量」によって測られねばならないという結論は必ずしもでてこない。じっさい，Smithにとって，分業が進めば，個々の労働の成果はますます微小となり，欲望充足の手段の多くを他の人々の労働の成果に求めざるをえなくなるから，「かれは，自分が支配しうる労働の量，つまり自分が購買でき

る労働の量に応じて，富んでいたり，まずしかったりせざるをえない」[22]というのが事実であり，交換現象は，商品に対象化された労働量の交換というよりは，商品による別の商品の購入と受けとるのが「自然」で，「大部分の人々もまた，特定商品の量というほうが，労働の量というよりもいっそうよくその意味を理解する。前者は目に見え，触知しうる物体であるが，後者は抽象的な観念であって，たとえ十分理解しうるものにすることはできるにしても，総じて前者ほど自然ではなく，また明白なものではない」[23]という事実でなければならなかった。すなわち，現実の生産プロセスには人間労働が量的な単位をもって入り込んではいるが，その直接的な量と生産手段に対象化されたその量を具体的に測定するのは困難をきわめる，というのがSmithの結論であった。等投下労働量と了解されている労働を投下労働量と受けとるRicardoがSmithと共有しているのは，労働だけが価値の「実質的標準」であるという一点にすぎず，Ricardoにはそれ以上のSmithの内実は含まれていない。すなわち，Smithの，

　　商品が交換可能であるための必要条件は，支配労働の量が触知しうる
　　かたちで存在することである

という命題を，Ricardoは，

　　商品が交換可能であるための十分条件は，投下労働量を測るための基
　　準が現実に存在することである

という命題にかきかえているのである。Smithにおける必要十分性の証明はSraffaによって，Ricardo経済学再生のなかで与えられ，Ricardoにおける必要十分性の証明はMarxによって与えられた。

　「土地の占有と資材の蓄積との双方に先行する」，生産手段の所有関係が未だ顕在化していない「初期未開の社会状態」においては，Smithの交換可能条件とRicardoのそれを峻別する必要はないようにみえる。労働生産性の上昇による剰余生産物の増加分がだれに，どれだけ帰属するかは問われていないからであり，支配労働量と投下労働量のちがいも問われていないからであ

る。

　Smith は,「進歩した社会状態のもとでは,はげしい辛苦やひいでた熟練にたいするこういう種類のしんしゃくは,労働の賃銀についてなされるのがふつうであり,またもっとも初期の,もっとも未開の時代にも,おそらくはこれと同種のなにごとかがおこなわれていたにちがいないのであ」り(24),また歴史をふまえれば,「土地が私有財産になるや否や」「地代は,土地に使用される労働の生産物からの第一の控除をな」し(25),生産手段が資本家の所有物となるや否や,「利潤が,土地に使用される労働の生産物からの第二の控除をなすのである」(26)とし,未開社会から資本主義社会への,労働生産性の上昇をともなう交換可能条件の異質的・連続的変遷を斟酌している。が,Ricardo は,労働生産性が機械・設備の改良だけでなく,労働の熟練度にも依存することを認識していたにもかかわらず,後者については,Smith の,政府の規制は「競争」によるそれに及ばないという論点のうちの一部を強調して,その「受ける評価の比較的程度を検討することは,あまり重要ではな」く,「それは一つの世代から次の世代にかけてひきつづいてほとんど同一であるか,あるいはすくなくとも,年々の変動はきわめてわずかである,それゆえに,短期間には諸商品の相対価値にほとんど影響をおよぼすことはありえない」(27)とし,労働の熟練度を労働生産性へ変換するための連絡路をほとんど断ってしまっている。また,Smith のいう労働生産物からの「控除」はいつの時代にも存在し,ビーバー「と鹿を仕留めるのに必要なすべての器具は,一つの階級の人々に所属し,そしてこれらの動物の捕獲に使用される労働は,他の階級によって提供されることがあるであろう,しかもなお,これらの動物の比較価格は,資本の形成とこれらの動物の捕獲との両者に投下される現実の労働に比例するであろう」(28)としていて,未開社会もまた資本主義的特徴をもち,生きた労働投入量をもつ生産プロセスからの正の剰余生産物(純産出物)に対して,資本家は利潤を,労働者は賃金を受けとるとされ,交換可能条件の異質的・連続的変容の歴史はあまり意味をもたない。したがって,Ricardo においては,労働生産性の上昇は生産手段の改良を通じた生産技術の進歩による以外になく,「分業」の成果と生産拡大を通じた

社会的分業のさらなる展開も（国際分業のように）限定的でしかない。すなわち，この個別生産主体における内部経済は社会全体の収穫逓増にはつながりにくいのである。

　Ricardoにとって，需要が不変ならば，現実は収穫不変であり，需要の連続的増加が社会全体の断続的収穫逓減（費用逓増）を招くから，社会的分業や労働生産性のもつ意味は（おそらく断続的費用逓減を措定する）Smithとは大きく異なっていたといわねばならない。

　RicardoのSmith理解について，竹永［9］による，次のような明快な叙述がある。Smithにおいて，「労働がつねに不変の価値であるのは，それが，労働者（必ずしも賃労働者とはかぎらない）が彼の労働とひきかえに自然からうけとる財の分量に依存しない犠牲・価格であるからである。スミスからみれば，このゆえにこそ，なんらかの労働生産物ではなく労働こそが不変の価値尺度をなすのである。スミスは，労働による価値の尺度を，人間と自然とのあいだの本源的交換の構造，つまり，物的生産過程の構造によって根拠づけるが，ここには賃労働関係は必ずしも含意されていない。ところが，リカードにとっては，賃労働関係が唯一可能な労働関係であり，労働に対して与えられる報酬はすべて賃金を意味する」[29]と。すなわち，Ricardoにとって，労働量は（事前的には客観的でない）事後的に観察される支配労働量ではなく，つねに客観的な量的基準をもつ投下労働量でなければならず，交換はいつでも等投下労働量交換でなければならなかった。ところが，Ricardoが投下労働の量的基準としての「労働の価値」を労働力の生産・再生産のために必要な賃金財の価値に求めたことによって，その「賃金額による価値の尺度」を採用しないのに，固定資本を軽視し，価値が賃金額に依存するとしたSmithとの間に亀裂が生じたというわけである。

　Sraffaの最初の例に戻ろう。Sraffaは，小麦と鉄の「いくぶんかは労働者に対する生計費として使われ，」「労働者に対する必需品」に対応するとして，小麦と鉄の一部を賃金財としたが，それらをWブッシェルの小麦とIトンの鉄とし，最初の例を，

〔$(280-W)$ クォーターの小麦, 12トンの鉄〕
　　→〔$(400-W)$ クォーターの小麦, 0トンの鉄〕

〔120クォーターの小麦, $(8-I)$ トンの鉄〕
　　→〔0クォーターの小麦, $(20-I)$ トンの鉄〕

$$(280-W)p_W + 12p_I = (400-W)p_W$$
$$120p_W + (8-I)p_I = (20-I)p_I$$

のようにかきかえる。すると，両生産プロセスへの直接労働の投下量や賃金財を限定的に示さずとも，労働力の再生産過程はこのように「自然に」進行して，小麦と鉄の相対価格は，以前と同じ水準 $p_I/p_W=10$ のように決定されることがわかる。この2財モデルは，剰余生産物の帰属先が不明で，生産手段と労働力の所有関係が判然としていない経済の一般形に容易に拡張することができ，賃金財を構成する財が交換価値の形成に一切参加しないようにすることができる。したがって，労働は「抽象的な観念」にとどまるだけでよく，必要に応じて事後的に観察されれば，それで十分である。直接労働は両プロセスにおいて瞬時に生産手段に対象化され，前払いの対象とはなりえないのである[30]。

Sraffa が正の剰余生産物のケースにおいて示しているように，生産手段の価値と（Smith の意味でも，Ricardo の意味でも）投下労働量との比率が生産プロセス間で一様でないときには，賃金率の変化は必ず相対価格の変化を生じさせる。そこで，Ricardo 自身は，労働生産性の変化が安定的で，この比率に対応した固定資本・流動資本比率（資本構成）とこれら両資本の耐用年数が平均的で一定とみなしうるような，たとえば金生産をとりあげ，相対的に希少な金の裏付けをもつ貨幣価値を一応の「不変の価値尺度」としたのである。価値の尺度を人間労働に求め，金銀のような貴金属では不十分とした Smith の見解を容認しつつも，同じ「希」少性説にとらわれて，このように価値尺度の条件を生産プロセスに求め，捉えどころのない「抽象貨幣」

(Sylos Labini［7］参照)）に求めるかぎり，支配労働価値説は追放されるどころか，しっかり残ってしまうはずである．こうした疑念は，Ricardoの「不変の価値尺度」がSraffaによって「標準商品」として読みかえられるとき，完全に氷解する．その詳細は次の第2章　正の剰余生産物をともなう非結合生産のケースに譲らねばならないが，これまでのところ明らかなのは，Ricardoが未開社会と現資本主義社会のちがいを無視して，Smith「は，資本の蓄積と土地の占有とが相対価格におよぼす効果をどこでも分析していない」と断定し，支配労働を徹底的に排除していること，またそうしたSmith理解（竹永［9］によれば，「誤解」）が「不変の価値尺度」問題を解きにくくしてしまっていることである．これについて，Sraffaは，Ricardoにおける「標準的価値尺度の概念」「から引き出された標準商品が，アダム・スミスによって示唆され，リカード自身が決定的に反対した標準，すなわち「支配労働」「にごく近似したあるものに対応していることを知るのは，意外なことである」(31)と述べているが，このことから，Ricardoは，剰余生産物ゼロのケースに資本主義的要素をもちこみさえしなければ，収穫不変の前提のもとで，Smith価値論の妥当性の範囲をそのケースに限定していたはずである，Sraffaはそう判断した，と推論するのは一見飛躍のようにおもえるかもしれない．しかし，Stiemkeの定理が主張するように，収穫不変のもとでは，剰余生産物（純産出物）がゼロであることと，そうした所得ゼロ（利潤も賃金もゼロ）のもとで正の相対価格が存在することとは同値であり，これはまた，資本主義的所有関係・階級関係が存在しないか，あるいはそれらがまだ顕在化していないような経済の存在にも同値であることは明らかである．ゆえに，収穫不変を措定するかぎり，RicardoとSmithの共通点は，所得分配が意味をもたず，支配労働と投下労働の区別があまり意味をもたない，剰余生産物ゼロのケース以外にない，といえるのである．Sraffaが「生存のための生産」を出発点としたのは，Ricardo経済学の再生が投下労働価値説を放棄し，Smith的支配労働価値説に立ち返らなければ実現できないことを示したかったからである．剰余生産物が正のケースをこの延長上におかないかぎり，Ricardo「不変の価値尺度」問題の完全解の1つのてがかりがSraffaの

「標準商品」であったことの完全な証明も不可能であろう。

注
(1) ［1］邦訳序文 p.1。
(2) ［2］邦訳 p.3。
(3) ［2］邦訳 p.4。
(4) Sylos Labini ［7］は，ここでの彼の主な関心は Sraffa 独占理論の展開にあったが，Sraffa が Marshall 価格理論の静学的仮定から生ずる諸矛盾をつき，「内部経済」が「自由競争」と矛盾し，収穫逓減が部分均衡分析と矛盾し，「外部経済」が自身の静学的仮定とも部分均衡分析とも矛盾することを示した，としている。
(5) ［2］邦訳 pp.19-20。
(6) ［2］邦訳 pp.26-9。
(7) ［2］邦訳 pp.30-1。
(8) ［2］邦訳 pp.26-7。
(9) ［2］邦訳 p.26。
(10) ［2］邦訳 pp.11-3。
(11) ［2］邦訳 p.43。
(12) Marshall は，Sraffa が指摘するように，「生産者余剰」に関して，産業ごとに生産事情が異なることから，産業に属する各企業の平均費用を累積・総計して「特殊経費曲線」を定義し，それと需要曲線とが交わるまでは，いわゆる「余剰」が存在することから，個別企業の特殊事情（内・外部経済）をそれに反映させようとしていたのである。したがって，特殊（ないし特定）経費曲線は個別限界費用曲線の集計としての供給曲線ではない。
(13) ［2］邦訳 p.39。
(14) ［2］邦訳 p.68。
(15) ［2］邦訳 p.88。
(16) ［1］邦訳 p.4。
(17) $[B-A]p=0$ が解 $p>0$ をもつためには，$q'[B-A] \leq 0'$ が解 q' をもたないことが必要十分である。もし $q'[B-A] \leq 0'$，$q' \geq 0'$ ならば，ある剰余生産物の量は必ず負となる。Stiemke の定理は，$p>0$ であるかぎり，ある商品のストック量の減少，ストックのくいつぶし（負のフロー量）がありえないことをも示している。
　また，$q'[B-A]=0'$ をみたす q' の成分のなかに負のものがある場合，それに対応する投入ベクトルと産出ベクトルをいれかえれば，$q' \geq 0'$ をもつような結合生産モデルをうる。
(18) ［5］邦訳 p.14。
(19) ［6］邦訳㊀p.150。

(20)　［6］邦訳㈠p.156。
(21)　［6］邦訳㈠p.185。
(22)　［6］邦訳㈠p.150。
(23)　［6］邦訳㈠pp.153-4。
(24)　［6］邦訳㈠p.186。
(25)　［6］邦訳㈠p.221。
(26)　［6］邦訳㈠p.222。
(27)　［5］邦訳p.25。
(28)　［5］邦訳p.27。
(29)　［9］邦訳pp.15-6。
(30)

$$A = \begin{bmatrix} 1 & 1 & 0 \\ 2 & 1 & 0 \\ 0 & 0 & 2 \end{bmatrix}, B = \begin{bmatrix} 3 & 0 & 0 \\ 0 & 2 & 0 \\ 0 & 0 & 2 \end{bmatrix}$$

とする。剰余生産物ゼロならば，商品jの価格p_jに対して，

$3p_1 = p_1 + p_2$
$2p_2 = 2p_1 + p_2$
$2p_3 = 2p_3$

より，$2p_1 = p_2 > 0$，$p_3 > 0$であるようにできるが，p_3は任意となる。こうなるのは，商品1，2はP_3に投入されていないが，商品3がP_1にもP_2にも投入されていないからである。もし一意の相対価格をえようとすれば，商品3を排除すればよい。Sraffaは，商品3のような奢侈品の類いの商品を「非基礎財」とよぶ。「標準商品」を構成するのは，非基礎的でない，Sraffaが「基礎財」とよぶ一連の商品である。Sraffaが剰余生産物ゼロのケースでこのような商品区分に言及していないのは，所得ゼロの状態と正の相対価格の存在が同値で，(もちろん所得分配率の変化とは無関係な) 相対価格の一意性を問題にする必要がなかったからである。すなわち，Sraffaは，もしRicardoのように，いかなる経済においても，相対価格は一意でなければならないというのであれば，未開社会では，ビーバーと鹿はどちらも基礎財でなければならず，所得が正の資本主義社会では，Smithのいう「人間生活の必需品・便宜品および娯楽品」はすべて非基礎財でなければならないことをRicardoはどう証明すべきであったか，を問うているのである。

(31)　［1］邦訳pp.155-6。

第 2 章

非結合生産体系 2
——正の剰余生産物をともなうケース——

　剰余生産物ゼロのケースでは，Stiemke の定理により，正の相対価格が不動点としてえられるが，剰余生産物が正のケースに定理をそのまま適用することはできない。Sraffa が注目したのは非負行列に関する固有値問題であった。Sraffa は『リカードウ全集』の「編者序文」において次のように述べている。「不変の価値尺度」について Ricardo「の関心をひいた問題は，違った時および所における穀物または銀の価値を正確に測定する現実の商品を発見する問題ではなくて，むしろ価値が不変であるためにある商品が満たさねばならない条件を発見する問題であった——そしてこのことから，価値尺度の問題を価値法則の問題と同一視するにいたったのである」[1]と。「価値が不変であるためにある商品が満たさねばならない条件」は固有値問題のなかにたしかに存在する。

2-1 ■ 均等所得率— Ricardo 不変の価値尺度—

2-1-1　生産プロセス

　剰余生産物が正ならば，付加価値も正でなければならないが，このとき Sraffa 投入・産出体系は，基本的には剰余生産物がゼロのケースと同じで，その第 i 生産プロセス P_i は，

$$P_i : a_i' \to b_i e_i', \quad i=1, \cdots, k$$

で表される。ただし，投入ベクトル a_i' は，こんどは中間投入ベクトルとなるから，P_i は，直接投下労働量 l_i を反映させ，

$$P_i : [a_i' \ l_i] \to b_i e_i', \quad i=1, \cdots, k$$

また，l_i を第 i 成分とする列ベクトル l に対して，経済全体の生産プロセスを $[A \ l]$ と対角行列 B の反応とすることもできる。

P_j の操業水準ないし生産調整度 q_j を第 j 成分とする行ベクトルを q' とすれば，

$$q'B - q'A = y' \tag{2-1}$$

右辺は，商品 j の剰余生産物量（純産出量）y_j を第 j 成分とする剰余生産物行ベクトルを表す。

いま，商品 i の価格 p_i を第 i 成分とする列ベクトルを p とする。平均（一般）利潤率を r，賃金率を w すれば，次が成り立つ。

$$b_i p_i = (1+r) a_i' p + w l_i, \quad i=1, \cdots, k \tag{2-2}$$

または，

$$Bp = (1+r)Ap + wl \tag{2-3}$$

Sraffa は (2-2) または (2-3) を「生産方程式」とよぶ。
(2-1), (2-3) より，

$$q'Bp = q'Ap + y'p$$
$$= (1+r)q'Ap + wq'l \tag{2-4}$$

すなわち，

$$rq'Ap + wq'l = y'p \tag{2-5}$$

をうる。左辺における $rq'Ap$ は利潤総額で、$wq'l$ は賃金総額であるから、(2-5) は国民所得に関する等価原則を表す。

2-1-2 剰余生産物ゼロのケース再論

Ricardo［5］には、原料、燃料、動力などの中間生産物がほとんど登場しない。生産者間、産業間の相互依存関係は、競争原理によって平均（一般）利潤率が必然的に成立するという、Ricardo にとっては公理に近い命題のなかに陰状的に表現されているにすぎない。投下資本は、機械などに照応する固定資本と、賃金財に照応する流動資本に分けられ、利潤は資本の運用によって生ずるとされる。が、利潤の形成過程は明らかにされていない。Ricardo には、（Marx の規定する）「剰余価値」の概念が欠けている。

中村［10］によれば、Ricardo における商品 i の「生産費」＝「自然価格」p_i は、生産プロセス P_i へ投下された（貨幣価格の）固定資本 K_i に対して、

$$p_i=(1+r)(K_i+wl_i),\ i=1,\ \cdots,\ k \tag{2-6}$$

で表される。では、Sraffa は Ricardo モデルをなぜ (2-6) とは異なる形式で定式化したのであろうか。

剰余生産物がゼロならば、

$$q'B-q'A=0'$$

で、われわれはこの経済を Smith のいう初期未開社会として捉えた。分配されるものがなにもなければ、所得分配率の変化から独立した「不変の」価値尺度の存在をあらためて問う必要はない。商品の交換価値、相対価格は、(2-3) において、$rAp+wl=0$ とおけば、

$$Bp-Ap=0$$

によって決定され、Stiemke の定理により、$p>0$ であるようにできる。Sraffa は、$w=1$ のとき、「r は削除され」、「事実上、出発点の一次方程式に

まいもどることになる。ただそれと違うのは，労働量が生存のための必要資料の数量によって表されるかわりに，いまや，明示的に表されるだけである」，とする。すなわち，(2-2)，(2-3) において，$w=1$ とすれば，$y=0$ のはずの「初期未開社会」において陰状的であった賃金財ベクトルが，

$$q'B - q'A = y'$$

のように，非負かつ非ゼロの y として示され，Sraffa が示した関係式，$Bp - Ap = 0$ も，

$$Bp - Ap = l$$

のようにかきかえられ，「商品の相対価格」は直接投下「労働量」によって一意的に表すこともできる。じつは，$w=1$ のときには，賃金財や生きた投下労働の量を登場させてはならないのである。そうすることは，資本家が労働生産物から「利潤」部分を「控除」する前に存在した，Smith のいう「初期の未開社会」を現資本主義社会に強引に引き込むことになるからである。労働量が「明示されるだけである」とは反語である。「初期未開社会」に資本主義的要素をみいだした Ricardo は Smith の交換例を，$r=0$，$w=1$ をみたす（生産手段の所有者にはなんの見返りもない）経済として認識しなければならなかった。しかも，l を提供しているのは賃労働者ではない。人間労働が $w=1$ という不変の価値をもつのは，竹永 [9] の先の指摘のとおり，「それが，労働者（必ずしも賃労働者とはかぎらない）が彼の労働とひきかえに自然からうけとる分量に依存しない犠牲・価格であるからであ」る。そうした労働概念に量的基準ないし量的単位が入り込む余地はまったくない。$y=0$ を特殊事例として含むモデルでは，l は本来量的に測定が困難で，事後的にしか観察されない支配労働量ベクトルでなければならない。これが (2-2) と (2-6) のちがいである。

　ところで，それ自身の生産に用いられるが，他の商品の生産には必ずしも用いられないような商品を Sraffa は「非基礎的生産物」とよび，そうでない商品を「基礎的生産物」とよぶ（より正確な数学的定義はもう少し後で与

えられる）。「非基礎的生産物」が価値尺度財たりえないのは，もし経済がそうした商品だけから構成されているとすれば，そこは，どの商品の価格も，最終的に互いに影響を及ぼすことのない，「不変の価値尺度」をみつける必要のない，相対価格の本来の意味を失った（最悪のばあい，分母にゼロがくる）ような世界でしかないからである。剰余生産物ゼロの経済は「不変の価値尺度」をはじめから具えている経済である。Smith がそこにも，剰余生産物が正の経済にもいないのは，Ricardo が両経済に共通のはたらきをもつ「不変の価値尺度」の十分な把握に失敗したからで，Smith と Ricardo の連続性を確認しようとおもえば，剰余生産物が正のケースにおいて，$q'B - q'A = 0'$ をみたす（不動点）q に照応するベクトルをみいださねばならない。

2-1-3 均等所得率

　経済のどこかに正の剰余生産物が存在するとき，少なくとも1つの生産プロセスにおいて正の付加価値が発生しているから，所得分配率の変化は，特定の条件がみたされないかぎり，必ず商品の相対価格を変化させるはずである。ところで，各生産プロセスにおいて，総投入額に占める付加価値の割合は「所得率」または「付加価値率」とよばれるが，所得率がどのプロセスにおいても同一水準となるとき，この比率を「名目均等所得率」とよぶことができる。Sraffa は，まず「名目均等所得率」の成立するようなモデルを提示して，所得分配率とは独立な，しかも一意的な相対価格を決定しようとする。Ricardo における「不変の価値尺度」財をみいだすためである。

　Sraffa は，「価格が決定されるま̇え̇に̇」名目均等所得率も所得分配率も決定されえないが，逆に，平均利潤率と賃金率がわかっていれば，価格は，生産費説ないし合成価値論のいうとおり，事後的に生産手段の価値，利潤，賃金によって計算できるから，均等所得率と所得分配率は「商品の価格と同じ機構を通じて，しかもそれと同時に，決定されねばならない」[2]として，剰余生産物ゼロのケースにおける $Bp = Ap$ に照応する関係式を次のように提示する。

$$Bp=(1+R)Ap \qquad (2\text{-}7)$$

すべての商品の総産出量は正である（それが恒等的にゼロであるような商品は体系から排除される）から，B^{-1} の存在は明らかで，$B^{-1}A$ が非負行列となることも明らかである。このとき，次が成り立つ（証明は二階堂［8］参照）。

$B^{-1}A$ の固有値は非負実数を含み，その最大値 λ に属する固有ベクトル p は非負かつ非ゼロ，すなわち $p \geq 0$ であるようにできる。

λ は $B^{-1}A$ の Frobenius 根とよばれる。

生産プロセスの操業水準ないし生産調整度行ベクトル q' に対して，$\lambda \neq 0$ のとき，$1/\lambda = 1+R$ とおけば，

$$q'Bp=(1+R)q'Ap$$

固有ベクトル p を価格ベクトルとする。(2-4)，(2-5) より，$Rq'Ap$ は国民所得であるから，

$$\frac{Rq'Ap}{q'Bp}=\frac{R}{1+R} \qquad (2\text{-}8)$$

は，われわれが均等所得率とよんだものに他ならない。こうして，$\lambda \neq 0$ であるかぎり，所得分配率の変化とは独立に，所得総額と相対価格が同時にえられ，「不変の価値尺度」問題を解くてがかりがみつかったのである。

R は，国民所得 $Rq'Ap$ のもとで，賃金をゼロとおいたときの（平均）利潤率である。Sraffa はこれを「極大利潤率」とよび，この利潤率の考え方が「「たとえ労働者が空気を吸って生きることができたとしても」利潤率が下落する可能性があるという」Marx の示唆をきっかけとして，「もっと一般的には，あらゆる商品の価格は」「ことごとく」「賃金，利潤，地代に分解されるというアダム・スミスや彼にしたがう他の人々の主張を，マルクスが力をこめてしりぞけたことに負うている。この主張は，土地以外に生産手段をもたず純粋の労働で生産されるような「究極的」商品の存在を必然的に前提し

ていたのであり，したがって，利潤率の上昇に対する一定の限界とは相容れなかったのである」[3]と述べている。すなわち，(2-7)における R は，「労働者が空気を吸って生きることができ」るような，$w=0$ という条件のもとで与えられ，そのときの価格ベクトル p は，「あらゆる商品の価格」が「ことごとく」「賃金，利潤，地代に分解される」という生産費説に陥ることなく，Frobenius 根 $\lambda=1/(1+R)$ に属する固有ベクトルとして決定されている。それとは対照的に，$w=1$, $r=0$ をみたし，したがって $Bp=Ap$ をみたす，「純粋の労働で生産されるような「究極的」商品の存在」する経済（Smithのいう「初期未開の社会状態」）では，R は不定となり，その「極大」の意味も失われる。

2-1-4 基礎的生産物と非基礎的生産物

Sraffa は，「ある商品が（直接的であるか間接的であるかを問わず）すべての商品の生産にはいる」「ような商品を基礎的生産物とよび，そうでない商品を非基礎的生産物とよ」ぶ。いま，k 次の非負正方行列である中間投入行列 $A=[a_{ij}]$ に対して，A の行と列の番号の集合を $N=\{1, \cdots, k\}$ とし，N の空でない部分集合 K, L をとり，$N=K\cup L$, $K\cap L=\phi$（空集合）とする。$i\in K$, $j\in L$ ならば，$a_{ij}=0$ となるとき，A は分解可能であるという。すなわち，L に属する番号の産業が K に属する番号の産業の産出物を中間生産物としてはまったく必要としていないばあいをいう。A は，分解可能でないとき，分解不能であるとよばれる（二階堂［8］参照）。

所得分配率から独立した価格体系，$Bp=(1+R)Ap$ において，A が分解不能（可能）ならば，明らかに $B^{-1}A$ も分解不能（可能）である。このとき，次の2命題が成り立つ（2命題とも，証明は二階堂［8］参照）。

> $B^{-1}A$ が分解不能ならば，その Frobenius 根 $\lambda=1/(1+R)$ は正で，したがって均等所得率も正となり，それを与える価格ベクトル p の成分比は正かつ一意である。

$B^{-1}A$ が分解可能となるための必要十分条件は，$Bp \leqq (1+R)Ap$ において，$p \geq 0$ かつ $p \not\ni 0$ となることである。

すなわち，もし中間投入行列 A が分解不能（したがって $B^{-1}A$ も分解不能）ならば，経済的意味をもつ体系がこのようにえられるが，もし A が分解可能で，体系内に非基礎的生産物が含まれ，しかもすべての生産プロセスが本来の均等所得率以下の所得率しか達成できないならば，価格ベクトルは必ずゼロ成分を含むから，A が分解可能であるような体系のなかにも「不変の価値尺度」のてがかりがみいだせるとはけっしていえない[4]。

Sraffa が基礎的生産物からなる経済が存在するための必要十分条件を，

　　仮定1　A は分解不能である

としていたのは明らかである。

ところで，Sraffa によれば，「賃金は恒常的な生存資料という成因のほかに剰余生産物のわけ前を含んでいるかも知れないから」，所得分配のさいには，「その」「部分だけを変数とみなした方が適当であろう」が，逆に，生存資料がすべての生産プロセスにおける生産手段に入り込むとすれば，R の成因に所得分配分が含まれるという不都合が生じる可能性がある。したがって，Sraffa は，「この書物では，伝統的な賃金概念をみだりに変更することを差しひかえて，賃金の全体を変数として取り扱う慣例的な手法に従おう」[5] とする。すなわち，ここでは，賃金を所得分配における一「部分」として，利潤と並んで独立変数とみるのではなく，「賃金の全体」を従属変数とみなそうということである。

問題は，Sraffa が「このようなやり方の欠陥は，それが消費の必要資料を非基礎的生産物の牢のなかに追い込むことを意味する点にある」と述べ，もし賃金財産業において技術進歩が生じ，労働生産性が上昇すれば，利潤率も上昇し，商品の相対価格もまた変化する可能性を自らが無視している，と一見自己批判とも受けとれる論述をしていることである。置塩 [11] は，このように Ricardo から逸れてしまうより，

賃金財の総価額＝賃金

の追加条件のもとに，p/w を決定し，「この消費財＝賃金財とこれを生産するために直接・間接に投入しなくてはならない生産財」をあらためて「基礎的商品」とする，という方法をとっている．

　しかし，賃金財を非基礎財のグループに属するようにしなければRicardoの「不変の価値尺度」問題はけっして解けない，とするのがSraffaの基本的なたちばである．基礎的生産物ではない賃金財を体系内にもちこむと，前述のように，価格ベクトルがゼロ成分を含む可能性を完全に排除することができないのである．それゆえ，Sraffaは，

　　　仮定2　賃金は年々の生産物の一部分として事後的に支払われる

とし，「したがって，資本によって「前払された」賃金という，古典派経済学者の着想を放棄するわけである．けれども，年々の市場をもった年々の生産の循環という」Quesnayから受け継がれた「仮定を保留し」つつ[6]，Ricardo経済学を，Smith的支配労働価値説によって現代に復活させようとするのである．すなわち，「年々の生産の循環」を可能にする「年々の市場」への投下労働量は支配労働量として事後的に評価されねばならない．

2-1-5　いくつかの正規化

　仮定2に関連して，Sraffaは，

　　　仮定3　労働は質において均等である

とし[7]，また，生産プロセス P_i に投下された年直接労働量 l_i ($i=1, \cdots, k$)は加算可能で，

　　　$l_1+\cdots+l_k=1$

であるが，生産プロセスの操業水準ないし生産調整度行ベクトル q' に対して，

仮定4　$q'l=1$

をみたすとする。

　Sraffa は,「国民所得を形成する」「商品の組み合わせ,あるいは「合成商品」」について,

仮定5　合成商品の価値は1に等しい

とする。すなわち, (2-4) において, $rq'Ap+wq'l=1$ であるが, 仮定4, 仮定5より,

$$rq'Ap+w=1 \qquad (2\text{-}9)$$

であるから, 利潤量 $rq'Ap$ と賃金率 w はそれ自身の分配率を表すことになる。ところで, 仮定4と仮定5の正規化は, 商品価値が投下労働量に等しくなければならないという Ricardo の要請をみたしている。もっとも, 労働量は仮定2にしたがい後払いされる支配労働量であるが。

　このとき, (2-4) は簡潔に,

$$\begin{aligned}q'Bp&=(1+r)q'Ap+wq'l\\&=q'Ap+1\end{aligned} \qquad (2\text{-}10)$$

と表されるが, (2-7) より,

$$q'Bp=(1+R)q'Ap=q'Ap+1 \qquad (2\text{-}11)$$

であるから, $q'Ap=1/R$ で, (2-10) より, $q'Bp=(1+R)/R$。すなわち, $q'Ap$ は均等所得率マイナス1となり, $q'Bp$ は均等所得率の逆数となっている。

　(2-9), (2-11) より, 以下できわめて重要となる次の関係式が導かれる。

$$r=R(1-w) \qquad (2\text{-}12)$$

2-2 ■ 標準商品

2-2-1 生産手段の価値に対する直接労働量の割合

生産プロセス P_i における資本構成の指標として，次を定義する。

$$\frac{l_i}{a_i'p}=R_i,\ i=1,\ \cdots,\ k$$

ここで，$a_i'p$ は P_i における生産手段の価値を，l_i は P_i への直接労働の投下量を表す。

さらに，商品 i の総産出量 b_i に対して，

$$\frac{l_i}{b_i}=\rho_i,\ i=1,\ \cdots,\ k$$

とおく。収穫不変の前提により，ρ_i は一定とみなすことができる[8]。

生産方程式より，

$$p_i=\frac{1+R+w(R_i-R)}{R_i}\rho_i,\ i=1,\ \cdots,\ k \tag{2-13}$$

であるが，もし $R_i=R,\ i=1,\ \cdots,\ k$ ならば，

$$p_i=\frac{1+R}{R}\rho_i,\ i=1,\ \cdots,\ k$$

で，商品 i の価値 b_ip_i は P_i へ投下された直接労働量 l_i に正比例する。したがって，商品の相対価値は，所得分配率の変化とは独立に，直接投下労働量の比に等しいように定まる。Ricardo 自身，$R_i=R,\ i=1,\ \cdots,\ k$ の均等化が現実にはほとんどありえず，「不変の価値尺度」財が容易にはみいだせないことをよく承知していた。しかし，彼は金生産における資本構成の安定性にある期待をよせ，金を，R_i の平均値としての R を体現するような「不変の価値尺度財」の近似物とし，すべての「商品のちょうど中間を形成しているのではなかろうか？」としている[9]。Ricardo は，前述のように，金に，近似的ではあるが，「抽象貨幣」の意味を込め，この例によって，流動資本，固定資本それぞれの平均耐用年数とそれらの平均的比率を実現するような生

産プロセスからの生産物を,「不変の価値尺度」財としての条件を近似的にみたしたものとみなしたのである[10]。しかし,こうした抽象物はいかにも非現実的である。Sraffa は,以下でみるように,解を,生産プロセスの特定化ではなく,産出物の特定の社会的配分関係のなかに求めていくのである。

2-2-2 q 体系

Sraffa は,R を与える商品もまたその価格で測った相対価格を騰落させる可能性があるが,「このような変動は,もっぱら当該商品と比較される商品側の生産の特性から発生するもので,それ自身の生産の特性から出てくるものではない」としながらも,R を与える商品が個別的に「発見できそうにはおもわれない」として,それを特定の「商品の混合体」ないし「合成商品」でおきかえようとする[11]。この商品束は,結合生産のケースにおいてもそうであるが,生産プロセスにおける直接投下労働量と生産手段の価値の比率にだけ注目していてはけっしてみつからない。Sraffa は,「不変の価値尺度」が産出物の特定の社会的配分構成にあることをつきとめ,それを次のように析出する。

生産プロセスの操業水準(または生産調整度)行ベクトルを q' とするとき,Sraffa は,

$$q'B = (1+R)q'A \tag{2-14}$$

をみたす商品束「を,標準合成商品ないしは簡潔に,標準商品とよ」ぶとともに,仮定 4 (直接労働量の総和 = 1),仮定 5 (国民所得 = 1) をみたす,このときの純産出物を「標準純生産物」とよび,その価値を「標準所得」とよぶ。

(2-14) は「q 体系」ともよばれる。まず,仮定 1 ならば,次が成り立つ(証明は,二階堂 [8] 参照)。

AB^{-1} は分解不能で，その Frobenius 根は $B^{-1}A$ のそれと同じ正値の λ に等しく，$\lambda=1/(1+R)$ に属する固有ベクトル q' の成分はすべて正であるようにできる。しかもその成分比は一意である。

(2-14) により，どの商品をとっても，生産手段としてはたらいた量に対する純産出物としてはたらいた量の比率はすべて R に等しくなっている[12]。Sraffa はこの比率を「標準比率」とよぶ。

われわれは，生産プロセス P_i ごとの R_i に対して，$R=R_i$, $i=1, \cdots, k$ となる特殊な（Ricardo が到達すべき）状況を，q 体系から Smith のいう「触知しうる物体」として捉えることができるのである。R_i は生産プロセスごとに異なるのがふつうであるが，このような q_i の量的調整（収穫不変だからこそ可能な調整）をすれば，抽象的であった R をいつでも現実の世界から即座に計測可能な値として導くことができる。Sraffa は次のようにいう。「標準体系においては，純生産物の賃金と利潤とへの分割にいかなる変動が生じようとも，また，その結果として価格がいかに変動しようとも，生産手段に対する純生産物の比率は同一に止まるであろう」[13]と。すなわち，剰余生産物ゼロのケースで，

$$q'=q'AB^{-1}$$

をみたすベクトル q は不動点であったが，剰余生産物が正の (2-14) における q も，

$$\lambda q'=q'AB^{-1}$$

をみたし，λ 倍を除けば，やはり不動点であり，「触知しうる物体」としての「不変の価値尺度」を体現した商品束を与えるベクトルである。後にみるように，B が対角行列ではない結合生産における固有ベクトルもまた，不動点の性質を延長させたものとなるはずである。

「標準比率」R は，総産出物の社会的配分において，生産手段としての配分「量」に対する純産出「量」の比率がすべての生産物について均等化する

第2章 非結合生産体系 2

ときの値であるが,この R はまた,すべての生産プロセスにおいて生産手段の「価値」に対する投下労働「量」の比率が均等化するときの「極大利潤率」でもある。すなわち,「標準比率」がえられるばあい,総産出量のうちから実質的に所得形成へ向かう部分の割合は,どの商品についても,$R/(1+R)$ であり,この値を「実質均等所得率」とよぶことができるが,この比率は,われわれがすでにえている「名目均等所得率」または「名目均等付加価値率」にまさしく等しいのである。一般に,名目値の変化率と実質値の変化率の差は価格変化率であるが,われわれのばあい,すべての生産プロセスが同じ R をもつようにプロセスの特徴を捨象しないかぎり,所得分配率の変化による価格変化を回避することはできない。これは,後にとりあげる結合生産のケースではなおさらである。ところが,所得分配率の変化から独立した,しかも一意の相対価格を与えるための R は,収穫不変であるように生産プロセスの操業水準を変えるだけで,q 体系によって現実の世界から確実に求めることができ,平均的で抽象的であった R をいまや具体的なかたちでいつでも捉え返すことができる。これが q 体系の本来の意味である。

「不変の価値尺度」問題のもう1つの完全解は Marx [16]『資本論』によっても与えられている。Marx は,はじめのほうで,商品の価値は「社会的」「平均的に」「必要な労働時間」によって規定されることを示したが,続く「価値形態論」においては,「商品は,」「現物形態と価値形態とをもつかぎりでのみ,商品として現れるのであり,言いかえれば商品という形態をもつのである」[14]とし,具体的有用労働がどのようにして人間労働一般に還元されるか,その逆はどのように捉え返されるかを問うている。すなわち,Marx においては,具体性を捨象した,抽象的な社会的・平均的必要労働時間という「不変の価値尺度」は,現実において具体的に「捉え返す」ことができてはじめて,その存在が確証されうる。名目均等所得率を体現する,抽象的な Ricardo 的「不変の価値尺度」が同じ実質均等所得率を体現する「標準商品」として具体的に実物形態として捉え返されたとき,はじめて「不変の価値尺度」の存在がいえるように[15]。

Sraffa は,「標準純生産物」の総額が仮定 5 より 1 に等しいことに注目して,（2-12）を,

$$\frac{1}{w} = \frac{R}{R-r} \tag{2-15}$$

のようにかきかえ, この値が標準純生産物の価値を労働 1 単位の価格で割ってえられる労働量であることから,「標準純生産物によって購入しうる労働量」とみなし,「「不変の価値標準」の性質は, ことごとく, 可変的な労働量のなかに見出される」, とする。（2-15）の右辺における R が q 体系により価格変化とはまったく無関係にえられ, したがって,「この労働量は価格から独立した単純なルールに従って変化する」からである。このとき, その変動区間は $[1, \infty)$ となる。すなわち, $r=0$ または $w=1$ ならば, この労働量は 1 に等しく, $r \to R$ または $w \to 0$ とすれば, この労働量はいくらでも大きくなる。

　標準純生産物が支配しうる労働量は Ricardo 的投下労働量とはかけ離れた概念で, Ricardo が徹底的に排除しようとした Smith の「支配労働」量にかぎりなく近い（Sylos Labini [7], 白杉 [17] 参照）。投下労働量と支配労働量が一致して, ともに 1 となるのは, $r=0$ または $w=1$ のときにかぎるから, Ricardo と Smith が共有できるのは, 剰余生産物がゼロで, 分配されるものがなにもない世界以外にはない事実がこのことからもわかる。このとき, $rAp + wl = 0$ で, $r=0$ または $w=1$ ならば, $l=0$ である（$Ap>0$ としてよいから, 投下された労働はすべて生産手段に対象化されている）。標準商品は, それと両極をなす, $r \to R$ または $w \to 0$ のときの極限としてえられ,「標準純生産物によって購入しうる」労働が際限もなく大量に存在して, その対価がかぎりなくゼロに近い世界である。このように, $0 < w \leq 1$, $0 \leq r < R$ の範囲内で, どの商品も, Smith のいう「窮極の, しかも実質的な標準である」「労働」の産物であるとすれば, Smith 支配労働価値説批判を出発点として「不変の価値尺度問題」を解こうとする Ricardo は, Smith の支配労働が $r=R$ または $w=0$ となる標準体系においてのみ無限大となり, その意味を失う, としなければならなかった。ところが, Smith にとって, 報酬から切

り離された労働こそが真の価値尺度となるのであり，$w \neq 1$ のときも，賃金は事後的に「触知」しうる対象でなければならない。賃金後払いの想定（仮定 2 ）は Smith 的支配労働価値説を端的に示すものである。

2-2-3 価値方程式

Ricardo のように，投下資本のすべてを一定「期間」運用することによって利潤が生ずるとすれば，Sraffa 生産方程式は次のようにかきかえられねばならない。

$$b_i p_i = (1+r)(a_i' p + w l_i), \ i = 1, \cdots, k$$

または，

$$Bp = (1+r)(Ap + wl)$$

いま，P_i における資本構成を $wl_i/a_i'p = R_i^{(R)}$ とおく。$R_i^{(R)} = R^{(R)}$, $i=1, \cdots, k$ となるとき $(r = R^{(R)}(1-w)/(1+R^{(R)}w))$，したがって，どの生産プロセスも同じ資本構成をもつとき，相対価格は（Ricardo の意味での）直接投下労働量の比に等しくなる。資本構成が不均等で，w の変化にともない相対価格が変化したとしても，q 体系に対応する，

$$q'B = (1 + R^{(R)}) q' A$$

の関係から，「不変の価値尺度」としての実質均等所得率を与える商品束をみいだすことができる。

ところで，国民所得＝直接労働量の総和＝ 1 （仮定 4，仮定 5 ）のもとでは，Ricardo 体系を「資本構成」の点から再構成しようと，Sraffa のように，A が分解不能（仮定 1 ）で，賃金が後払いされる（仮定 2 ）と措定しようと，商品 i の価値（商品 i に対象化された労働量）v_i を第 i 成分とする価値ベクトル v に対して，通常「価値方程式」とよばれる，

$$Bv = Av + l$$

の関係式がつねに成立し，どの生産プロセスも，

　　産出物に対象化された労働量
　　　＝生産手段に対象化された労働量＋生きた労働の投下量

という自明な関係をみたさなくてはならない。したがって，われわれのいまの解，

$$v_i = \frac{1+R^{(R)}}{R^{(R)}b_i}l_i, \ i=1, \cdots, k$$

と第2章2-2-1　生産手段の価値に対する直接労働量の割合で求めた解，

$$p_i = \frac{1+R}{Rb_i}l_i, \ i=1, \cdots, k$$

との異質性を価値方程式から導き出すことはできない。それもそのはずで，すべての i に対して，v_i と p_i が比例するかぎり，「価値方程式」は，われわれが以前に，剰余生産物ゼロの世界にあえて資本主義的所有関係を導入したさいに定式化したものと実質的に同じかたちをしているからである。すなわち，互いに異質な社会を区別せずに商品価値を論じることはできないのである。価値方程式を価値規定のベースとすべきいかなる根拠も存在しない。なお，これについては，次の第3章　結合生産のケースにおいてあらためてとりあげる。

2-3 ■ 相対価格と所得分配率

2-3-1　生産手段の，直接労働量への還元

　$B^{-1}A$ または AB^{-1} の Frobenius 根から R が定まると，生産プロセスにおける投入構成の相違を平らにする「名目均等所得率」と，総産出物の配分構成の相違を平らにする，それと同じ値の「実質均等所得率」が決まり，標準純産出物は，$r=R(1-w)$ にしたがって分配される。とはいえ，この関係式から r と w は反比例するとはいえても，それぞれの値を確定することはできない。すなわち，R が決まり，価格が決定された後に賃金が支払われる

（仮定2）とすれば，利潤率 r は，価格が決定される前に決まるか，または同時に決まっていなければならない。

Sraffa は，この独立変数としての利潤率は「生産の体系の外部から，とくに貨幣利子率の水準によって，決定されることが可能である」とし，価値規定の順序を明確化しようとする。

投下資本からの収益は少なくとも利子費用を超えていなければならないが，このとき，貨幣利子率の外生性に関する上の Sraffa の主張は後の Sraffa 派へと受け継がれている。G. Pilling [19] は，Sraffa 派による現代資本理論批判における論点の1つを次のように要約する。「資本の起源と資本収益とを時間という問題につなげる，いかなる理論においても，結果は悪循環になる」，「つまり，資本の大きさは将来の収入の資本化によって決定されるが，この方法を確立するには利子率が必要である。しかし利子率は，その大小が資本額に依存した一つの大きさである」(16)と。利子率を内生化しようとすると，この「悪循環」から逃れられないのである。

Sraffa は，ある生産プロセスにおいて「用いられた各種の生産手段が—それぞれが適当な「日付」をもった——一系列の労働量に置きかえられる操作を，「日付のある労働量への還元」（あるいは簡略に「還元」）とよぶであろう」と述べ，それによって，「価格が賃金と利潤とに「分解される」仕方」を追跡している。Marx は Smith の生産費説ないし合成価値論を強く否定したが，Sraffa は Ricardo に別のかたちの生産費説をみているのである。

生産プロセス P_i をとる。

$$b_i p_i = w l_i + (1+r)(a_{i1} p_1 + \cdots + a_{ik} p_k)$$

において，生産手段の価値 $a_{i1} p_1 + \cdots + a_{ik} p_k$ を，期間 τ における P_i への直接投下労働量 $l_i^{(\tau)}$ と利潤率 r によって評価・「還元」すれば，

$$w l_i^{(1)} + w l_i^{(2)} (1+r)^1 + \cdots + w l_i^{(\tau)} (1+r)^{\tau-1} + \cdots$$

で，Sraffa は，

$$b_i p_i = w l_i + w l_i^{(1)}(1+r)^1 + \cdots + w l_i^{(\tau)}(1+r)^\tau + \cdots$$

を「還元方程式」とよぶ。すなわち,価格体系は,$Bp=(1+r)Ap+wl$ であるが,単位行列 I に対して,$I-(1+r)B^{-1}A$ が正則ならば,

$$p = [I-(1+r)B^{-1}A]^{-1}B^{-1}wl$$

いま,

$$S_\tau = I + (1+r)B^{-1}A + \cdots + (1+r)^{\tau-1}(B^{-1}A)^{\tau-1}$$

とおけば,$B^{-1}A$ の Frobenius 根 λ は,$0<\lambda<1$ をみたすから,

$$S_\tau \to [I-(1+r)B^{-1}A]^{-1} \quad (\tau \to \infty)$$

としてよい。ゆえに,

$$Bp = wl + (1+r)B^{-1}Awl + \cdots + (1+r)^\tau (B^{-1}A)^\tau wl + \cdots$$

において,右辺第2項から第 $\tau+1$ 項までが労働投入量で評価された生産手段の価値である (Schefold [20],[21] 参照)。r が最大値 R に近づけば,w はそれだけ小となるから,「還元をなおいっそう進めねばならない。」

$w = 1-(r/R)$ より,「還元方程式」の第 $\nu+1$ 項は,

$$l_i^{(\nu)} \frac{R-r}{R}(1+r)^\nu$$

で,$\nu = (1+r)/(R-r)$ のとき,極大値をとる。ゆえに,日付が「$\leq 1/R$ であるような一切の項は,$r=0$ において極大をもつ」,といえる。

Sraffa は,商品価格の「構成要素」である労働に対して,その構成比率いかんでは,利潤率の変動にともなう商品価格の変動にはさまざまなタイプがありうることを数値例によって示している。ただし,$\nu \to \infty$ ならば $r \to R$ となることから,「還元方程式」における右辺の近似値を,有限の ν までをとって求めることは許されない。$r=R$ の標準商品のケースでは,すべての生産プロセスにおいて,商品価値が生産手段の価値の $(1+R)$ 倍として求

まるから，「労働のどんな項でも，その直前の日付のある項の労働量に $(1+R)$ を乗じたものに等しい。」

Sraffaの例をみよう。「一方の生産物「a」は，八年前に投下された余分の二〇単位の労働を持っているけれども，もう一方の生産物「b」の余分の労働は，今年度に雇用された十九単位と二五年以前に投下された一単位からなる。」a, bの価格をそれぞれp_a, p_bとして，

$$p_a = 20w(1+r)^8, \quad p_b = 19w + w(1+r)^{25}$$

とし，$R=0.25$とする。p_a-p_bは，利潤率の上昇にともない，上下運動する。Sraffaは，この例のように，収穫不変の生産条件のもとで，「相対価格の運動が逆転することは，分配と価格とから独立した測定可能の数量としての，資本のいかなる観念とも相容れない」，という。すなわち，（生産費説を回避して），「循環論に陥ることなく価格と分配分の決定に用いうるような資本量の独立的尺度を」還元方程式によって「生産期間」に求めようとしても，「いくつかの労働量に属する「期間」を集計して，資本量を表わすものとみなしうる単一の大きさにすることができない」のである[17]。

2-3-2　概周期関数

SmithとRicardoのいずれにおいても，労働の項は商品価格の重要な「構成要素」である。ただし，Smithは，賃金上昇が投下労働量の増加を意味するとは考えていないから，賃金が上昇すれば，商品価格が騰貴するとしたSmithをRicardoは無条件では認めないであろう。ところが，商品価格を投下労働量で測ろうとすると，このように，利潤率の変化にともない，生産手段の価値が投下労働量では一とおりに測れなくなり，商品の相対価格も変化するのである。Smithの「生産費説」はかたちをかえて残留し，Ricardo投下労働価値説は貫徹できそうにない。このことは，前述のように，生産プロセスのなかに「不変の価値尺度」をみいだそうとしても，各プロセスにおける直接投下労働量と生産手段の価値比率がすべて標準比率 R に等しくなり，Ricardoの「市場にもたらされるまでにかかる時間」，Sraffaによれば「流

動資本の耐久性」に差がなくなるケースが現実には想定しがたいのと同値である。

上の p_a, p_b の例において，r がゼロから25％まで変化するとき，p_a-p_b は±8の振幅をもち，r が25％に近づけば，波長はそれだけ短くなる。もし p_a または p_b を標準商品の価格で測ればどうであろうか。Ricardo 自身は，商品の相対価格は主として投下労働量によって決まるが，賃金変動の，相対価格への影響は小さいとし，数値例によって，「諸商品の価値変動の原因を評価するにあたっては，労働の騰落によってもたらされる影響をまったく考慮外におくことは間違いであろうが，それにあまりに重きをおくことも同様に正しくないであろう」[18]と述べている。

p_a を価値尺度財の価格で測った相対価格であるようにとるとき，上の例の結論とは異なって，r が25％に近づけば，波長はそれだけ長くなり，Ricardo の期待する，相対価格の（相対的）安定性がえられるかもしれない。Sraffa は，「標準商品のタームで表された」，「価格と賃金」に対して，「賃金の下落の割合以上に価格が下落することは決してありえない」とし，この命題を次のように証明する。「還元方程式」において，（$r=R(1-w)$ により）「利潤率は賃金の下落とともに上昇する」から，（生産方程式において）もしある商品生産における生産手段の価格が「いっそう大きな比率で下落しうる」としても，命題の証明を終えるには，「われわれの注意を，その下落率が他の一切の生産物の下落率を上まわるような生産物に転ずれば，それで十分である。このような生産物は，それよりも大きい率で下落しうるような生産手段をもちえないから，それじしん賃金よりも小さな率で下落しなければならない」[19]と。生産プロセスのなかに「不変の価値尺度」を求め，その確立に成功していない Ricardo は，「標準商品のタームで表された」，「価格と賃金」に対して，$r=R(1-w)$ の条件のもとに与えられたこの証明に大いに満足しなければならない。

Sraffa の意味での相対価格の安定性は一般にどのように確かめられるであろうか。(2-12), (2-13) により，生産価格比は，

$$\frac{b_i p_i}{b_j p_j} = \frac{(1+r+wR_i)R_j l_i}{(1+r+wR_j)R_i l_j}, \quad i \neq j \quad (1 \leq i, j \leq k)$$

であるが，R を与える価格体系 p^* に対して，$p_1^* = p_1$ とし，$R_1 = R$ とする。相対価格 $p_i/p_1 = \mu_i$ は，$l_i/b_i = \rho_i$ とおき，$\rho_i/\rho_1 = \rho_{i1}$ とおけば，

$$\mu_i = \frac{R}{1+R} \frac{1+R+w(R_i-R)}{R_i} \rho_{i1}, \quad i=2, \cdots, k \tag{2-16}$$

ここで，$\rho_{i1}, i=2, \cdots, k$ は，生産条件が規模に関して収穫不変であるから，相対価格の変化とは独立な定数となる。

ところで，R は，$B^{-1}A$ の正の Frobenius 根 λ に対して，$R=1-(1/\lambda)$ とおいて求められたが，$\lambda=\lambda_1$ とするとき，二階堂［8］によれば，$B^{-1}A$ の任意の固有値 λ_i に対して，

$$\lambda \neq \lambda_i \text{ ならば,} \quad |\lambda_i| < \lambda, \quad i=2, \cdots, k$$

となることがわかっている（この段階でわれわれはすでに不等式体系のなかにはいっているが，この問題は第3章 結合生産のケースであらためてとりあげる）。

いま，$1/\lambda_i = 1+R_i$ として，R_i を Frobenius 根以外の固有値に対応させればば，

$$|R_i| > R, \quad i=2, \cdots, k \tag{2-17}$$

このとき，

$$\text{Max } \{\rho_{i2}, \cdots, \rho_{ik}\} = \rho$$

を定義すれば，(2-16) より，p_1^* で測った相対価格の絶対値，

$$|\mu_i| \leq \rho, \quad i=2, \cdots, k$$

で，Ricardo 的価値尺度を採用するかぎり，相対価格の変動幅は有界である。

では，賃金率の変化に対する（標準商品で測った）相対価格の安定性はどうであろうか。いま，

$$\frac{\mu_i}{\rho_{i1}} = \phi_i, \ i=2, \cdots, k$$

とおけば,

$$\phi_i(\tau+\alpha) - \phi_i(\tau) = \frac{R}{1+R} \frac{1+R+w(\tau+\alpha)(R_i(\tau+\alpha)-R)}{R_i(\tau+\alpha)}$$
$$- \frac{R}{1+R} \frac{1+R+w(\tau)(R_i(\tau)-R)}{R_i(\tau)}, \ i=2, \cdots, k \quad (2\text{-}18)$$

$R^*=|R|$, $R_i^*=|R_i|$ とおくとき, (2-17) より, $R_i^*>R^*$, $i=2, \cdots, k$ であるから, ある正数 δ が存在して,

$$|\phi_i(\tau+\alpha) - \phi_i(\tau)| \leq \delta |w(\tau+\alpha) - w(\tau)| \quad (2\text{-}19)$$

じっさい,

$$\text{Max}\ \{R_i^*(\tau+\alpha),\ R_i^*(\tau)\} = R_{iM}^*$$

に対して,

$$\delta = \frac{R^*}{1+R^*} \underset{2 \leq i \leq k}{\text{Min}} \left\{ 1 - \frac{R^*}{R_{iM}^*} \right\}$$

とおけばよい[20]。

ここで, w の, 0 から 1 までの変化を考慮して,

$$w(\tau) = \frac{e^\tau}{1+e^\tau}$$

とおく。$w=1$ のとき, $r=0$ で, 相対価格は投下労働量の比に等しく, R_i ($i=2, \cdots, k$) は意味を失い, $w=0$ のとき, $r=R=R_i$, $i=2, \cdots, k$ となるから, $-\infty<\tau<\infty$ に対して, $0<w<1$ としてよい。すると,

$$|w(\tau+\alpha) - w(\tau)| = \left| \frac{e^{\tau+\alpha}}{1+e^{\tau+\alpha}} - \frac{e^\tau}{1+e^\tau} \right| \leq \frac{|e^{\alpha/2} - e^{-\alpha/2}|}{4}$$

$|\phi_i|$ は有界で, $|e^{\alpha/2} - e^{-\alpha/2}|/4 = \beta$ とおけば, β はいくらでも小さくとれ

るから，(2-19) において，任意の $\varepsilon>0$ に対して，

$$|\phi_i(\tau+\alpha)-\phi_i(\tau)| \leqq \beta \leqq \varepsilon,\ i=2, \cdots, k \tag{2-20}$$

ところで，関数 $\psi(\tau)$ に対して，ある $\varepsilon>0$ が存在して，

$$\sup|\psi(\tau+\alpha)-\psi(\tau)| \leqq \varepsilon,\ -\infty<\tau<\infty$$

をみたす $\alpha=\alpha(\varepsilon)$ は ε に属する ψ の概周期とよばれ，任意の $\varepsilon>0$ に対して，区間 $I=I(\varepsilon)$ が定まり，少なくとも I より大きい区間内にこの α が含まれるようにできるとき，ψ は（Bohr の）概周期関数とよばれる。

α を賃金率の変動幅に対応させるとき，(2-20) は，相対価格の変動幅の上限 (β) がいくらでも小さくできるように，α がとれ，このような I がとれることを意味するから，これは，Sraffa の，「賃金の下落以上に価格が下落することはありえない」という命題の別表現になっている。

注
(1) ［5］邦訳，編者序文 p.lvi。
(2) 単位行列 I に対して，固有方程式 $|\lambda I-B^{-1}A|=0$ を解けば，均等所得率が求まり，(2-7) より，p の成分比が求まる。Sraffa が「価格は利潤率を」，したがって均等所得率「を知る以前には決定されえない」とするのは，こうした手順をふまえてのことでもあるとおもわれるが，これはまさしく生産費説である。Sraffa がこういう言い方をするのは，Ricardo が利潤の発生根拠を明示していないからである。しかし，Sraffa が現段階で強く意識しているのは，新古典派の限界概念とむすびついた「生産費」という用語である。Sraffa が Marshall の，産出物の実質費用のうち，賃金は労働者の所得を，利子は資本の所有という犠牲を測定する，といった語法にしたがうべきでないとしているのは，まさに「このような用語は，それらが生産物の価格の決定とは独立に，またそれに先立って測定されうる数量をあらわすという仮定と離れがたく結びつかざるをえなくなっているからである」（［1］邦訳 p.14）。
(3) ［1］邦訳 p.156。
(4) Sraffa は，基礎的生産物の交換比率を「生産費」ではなく，「価値」ないし「価格」とよび，生産費とよべるのは，非基礎的生産物のように，その価格が生産手段の価格に依存しても，逆が成り立たないケースにかぎるとしている。彼は，「基礎的生産物のばあいには，生産物の価格がその生産手段の価格に依存すると同じように，生

産手段の価格も基礎的生産物の価格に依存する」「から」「生産費というより」「「必要価格」,「自然価格」ないし「生産価格」というような古典派の用語が」「ぴったりするだろうが,価値と価格の方が,もっと簡潔であり,(市場価格に対する関連をもたない)現在の脈絡においてはいっそう曖昧だというわけでもないから,それらの用語が選ばれたのである」([1]邦訳 p.13)と述べている。Marshall [4]『経済学原理』における「実質費用」の概念はすべての生産物を非基礎財化してしまうおそれがある。

(5) [1]邦訳 pp.14-5。
(6) [1]邦訳 pp.15-6。
(7) U. Krause [12]は,非結合生産において,生産プロセスごとの労働の異質性は公理であるとし,具体的有用労働が抽象的人間労働に還元されるのは,均等所得率が成立して,どの剰余労働も,この意味で平均化するときであるとし,これを「標準還元」とよぶ。しかし,この「還元」作業は,結合生産のばあい,ほとんど実行不可能である。
(8) ρ_i の逆数 l_i/b_i は Leontief モデルでは労働投入係数とよばれるが,Sraffa は需給表による価格形成を容易に認めようとしないから,菱山[13],M. Desai[14]が指摘するように,この係数をいわゆる必要係数と解すべきではない。
(9) [5]邦訳 p.51。
(10) 金を貨幣の標準にすえる Ricardo にとって,貨幣はたんなる流通手段ではなく,金商品としてニュメレールの役割を果たしている(竹永[9]参照)。Ricardo が採用したのは,平瀬[15]によれば,彼に「ふさわし」くない希少価値説と結び付いた「価値数量説」であったといわねばならない。
(11) [1]邦訳 pp.29-30。
(12) 生産方程式と q 体系は互いに双対的であるようにみえるが,じつは,そうではない。$q'Bp=q'(1+R)Ap$ は成立はするが,AB^{-1} は投入係数行列と読めても,$B^{-1}A$ はそう読めないからである。
(13) [1]邦訳 p.35。
(14) [16]邦訳① p.64。
(15) 藤田[18]は経済学における価値論の方法について,「「幻のような対象性」を持つ価値が,商品形態をとり,そして遂には資本形態をとり,それが自己増殖する貨幣として,現世の神として,人間たちを支配する。それが資本主義である。だから,「価値」は交換比率の実体化なのではなく,商品として,貨幣として,実在するのである。経済学に物理学のような科学の真似をさせれば,「価値」は価値量でしかなくなるのである」,と述べ,Marx「価値形態論」における「標準商品」の意味を次のように述べる。「標準体系は一般利潤率の形成から独立に,したがって転形が終わる前にでも後にでも,構成できるから」,「前」「後」の順序をもたない「標準商品をもってマルクスの「価値」と見る解釈」では,「転形問題が消えてしまう」,と。ゆえに,

「転形問題」について,Sraffa は「沈黙」を守った,と。
(16) [19] 邦訳 p.116.
(17) [1] 邦訳 pp.64-5。
(18) [5] 邦訳 p.41。
(19) [1] 邦訳 p.67。
(20)
$$|\phi_i(\tau+\alpha)-\phi_i(\tau)|$$
$$\leq \left|\frac{R}{1+R}\right|\left(\left|\frac{1+R(1-w(\tau+\alpha))}{R_i(\tau+\alpha)}-\frac{1+R(1-w(\tau))}{R_i(\tau)}\right|+|w(\tau+\alpha)-w(\tau)|\right)$$

において,$1+R(1-w(\tau+\alpha))>0$, $1+R(1-w(\tau))>0$ としてよいから,$|R_i(\tau+\alpha)|\geq |R_i(\tau)|$ ならば,

$$\left|\frac{1+R(1-w(\tau+\alpha))}{R_i(\tau+\alpha)}-\frac{1+R(1-w(\tau))}{R_i(\tau)}\right|$$
$$\leq \left|\frac{1+R(1-w(\tau+\alpha))}{|R_i(\tau+\alpha)|}-\frac{1+R(1-w(\tau))}{|R_i(\tau+\alpha)|}\right|$$

$|R_i(\tau)|\geq |R_i(\tau+\alpha)|$ ならば,右辺における $|R_i(\tau+\alpha)|$ を $|R_i(\tau)|$ とすればよい。

第 3 章

結合生産体系

3-1 ■ モデル

　Sraffa［1］が『商品による商品の生産』第二部の前半でとりあげたのは，どの生産プロセスからも複数個の産出物がみられるような線形結合生産体系であった。Sraffaは，商品数と生産プロセス数が等しいような生産体系を提示して，「方程式が相互に独立していて，少なくとも一つの実数解体系をもつという」条件にしたがい，かつ「方程式は未知数にたいする負の解によっても形式的には満足させうるけれども，現に支配している条件において（すなわち，与えられた賃金または与えられた利潤率のもとで），正の価格以外を含まないような生産方法だけが，実際に妥当するのである」[1]とする。が，彼は，別のところで，理論的に導かれる（複素数解を除く）負の解にも積極的に経済的意味を与えようとしている。正の変数は産出行列と投入行列を特定化すれば，いつでも算出できる。Sraffaがそのような特殊例を念頭においていないのは明らかである。すなわち，「正の価格以外を含まない」とは，結合生産のもとでのq体系がたとえ負の解を含んでいても，ゼロの数量をけっして含まず，価格ベクトルもゼロ成分をけっして含まないという意味に解すべきである。ゼロの変数が価値の標準を構成するはずがないからである。

非ゼロ解の存在証明は本章3-2-1 生産手段の,直接投下労働量への還元において与えられる。複素数解については,Sraffa モデルの延長として,本章3-3-3 不等式体系においてとりあげる。

商品数と生産プロセス数をともに k とする。生産プロセス P_i における投入ベクトル $a_i'=\{a_{i1}, \cdots, a_{ik}\}$ を第 i 行とする投入行列を A とし,産出ベクトル $b_i'=\{b_{i1}, \cdots, b_{ik}\}$ を第 i 行とする行列を B とする。このとき,商品 j の価格 p_j に対して,$p=\{p_1, \cdots, p_k\}'$ とかけば,貨幣賃金率 w,利潤率 r に対して,次の,結合生産のもとでの「生産方程式」が導びかれる。

$$Bp=(1+r)Ap+wl \qquad (3-1)$$

この価格体系が解をもつためには,まず,次の仮定がみたされていなければならない。

> 仮定1　A からいくつかの行と列をとってできる正方小行列を A_0 とし,B からそれと同じ番号の行と列をとってできる正方小行列を B_0 とするとき,それらのいずれかは正則である。

このとき,$B_0^{-1}A_0$ や $B_0A_0^{-1}$ の成分が非負である保証はなく,まして,それらが分解不能となる保証などどこにもないから,基礎的生産物の定義は非結合生産のときと同じではありえない。その正確な定義は本章3-2 標準体系で与えられる。

Sraffa は,労働について,非結合生産のケースと同様,

> 仮定2　賃金は後払いされる

とする。仮定1によって $B_0^{-1}A_0$(または $B_0A_0^{-1}$)の最大固有値を用いれば,賃金ゼロのもとでの,所得分配率の変化から独立した相対価格を決定できるからである。また,

> 仮定3　すべての労働は同質である

とされる。Sraffa は,「結合生産物のばあいには,」どの生産プロセスについ

ても，「労働をその個々の生産物のあいだに割当てる明白な基準がな」く，また，「別々の労働量を，若干数の結合的に生産された商品の一つの生産に投ぜられたものと述べることに，いくらかでも意味があるかどうか，疑わしく思われる」[2]としている．異なる生産プロセスには互いに異質な具体的有用労働が必要であるとア・プリオリにいえるか，したがって，具体的有用労働の質を量へ変換する一般的な方法が存在するか，という問題が解けないかぎり，少なくとも，結合生産のケースにおいては異質労働の存在を公理とすべきではない，ということである．この問題は生産手段の価値の，直接労働量への還元問題として，本章3-3　相対価格と所得分配率にも関連をもってくる．

　ここで，非結合生産のケースと同様，

　　　仮定4　直接労働の総フロー量は1である

とし，

　　　仮定5　国民所得も同じく1である

とする．仮定4，仮定5の基準化ないし正規化は，後にみるように，基礎的生産物からなる体系ならば，非結合生産のケースと同様の，利潤率と賃金率の一意的な（線形の）関係を導く．

3-2 ■ 標準商品

3-2-1　基礎的生産物

　非結合生産における基礎的生産物と非基礎的生産物のちがいは，それがすべての生産プロセスに投入されるか否かにあったが，結合生産では，このような区別は曖昧になる．どの生産プロセスからも，すべての商品が産出可能であるため，ある商品が基礎的生産物であるかどうかは「そのような商品が生産手段として入ってゆく諸商品の生産に，「間接に入」るか否か，という問題にまで拡大されるであろう」からである[3]．

Sraffa は結合生産のケースにおける非基礎的生産物を次のように定義する。「k コの生産」プロセスと「k コの商品（単独で生産されるか結合的に生産されるかは問わない）とをもつ体系において，一商品，あるいはより一般的にいって n コの繋がりあった商品群（ここで，n は k より小さくなければならず，一に等しくてもよい）は，」それぞれのプロセスで「（…それらの商品があらわされる $2n$ コの数量によって組立てられた）k 行のうちで，独立な行が n コをこえず，他の行はこれらの行の一次」「結合であるというばあいに，非基礎的である，といわれる。」「代数学の用語でいえば，」そうなるのは，「k 行 $2n$ 列の行列」が「n 以下もしくは n に等しい階数をもつ」ときである[4]と。

例 1

$$A = \begin{bmatrix} 1 & 1 & 0 \\ 1 & 0 & 0 \\ 1 & 1 & 1 \end{bmatrix}, B = \begin{bmatrix} 2 & 0 & 0 \\ 0 & 2 & 0 \\ 2 & 0 & 2 \end{bmatrix}$$

とする。$Bp=(1+R)Ap$ は非ゼロ解をもち，$R=2(\sqrt{1.25}-1)$，$p_1>0$，$p_2>0$，$p_3=0$ であるようにでき，また，$q'B=(1+R)q'A$ を解いて，同じ R に対して，$q_1>0$，$q_2>0$，$q_3=0$ であるようにできる。変数にゼロが含まれるのは，$B^{-1}A$ も AB^{-1} も分解可能となるからで，商品 3 を除いてできる (3, 4) 型行列の階数が 2 となるからである。

例終

基礎的生産物 1, …, ξ に対して，$A^*=[a_{ij}^*]$，$B^*=[b_{ij}^*]$ をともに ξ 次の正方行列とし，$p^*=[p_1^*, …, p_\xi^*]'$，$l^*=[l_1^*, …, l_\xi^*]'$ とするとき，Sraffa は価格体系，

$$B^*p^*=(1+r)A^*p^*+wl^* \qquad (3\text{-}2)$$

を，ここでも「基礎的方程式」とよぶ。

この方程式は，Ricardo 的価値標準のもとでの名目均等所得率 $R/(1+R)$ を（Ricardo にはない）結合生産のケースに拡張すれば，

$$B^*p^* = (1+R)A^*p^* \qquad (3\text{-}2)'$$

をみたす,としてよい。このとき,仮定1により,B^{*-1} が存在するとしよう。$1/(1+R)$ は $B^{*-1}A^*$ の最大固有値であり(A^{*-1} が存在するならば,$1+R$ を $A^{*-1}B^*$ の最大固有値にとればよい),p^* をそれに属する固有ベクトルとみなすことができる。Ricardo 的「不変の価値尺度」を (3-2)′ に求めようとすれば,R を実現する商品は1商品ではなく,ある商品束でなければならず,それがどの生産プロセスの産出物の束であるかを特定しなければならないから,結合生産ならば,Ricardo 的「不変の価値尺度」はますます現実の世界から乖離したものとなる。

ところが,標準体系は

$$q^{*\prime}B^* = (1+R)q^{*\prime}A^* \qquad (3\text{-}3)$$

によって与えられ,$1/(1+R)$ は A^*B^{*-1} の最大固有値でもあり,$q^{*\prime}=[q_1^*, \cdots, q_{\xi}^*]$ はそれに属する固有ベクトルであるから,特定プロセスからの商品束を与える,現実離れした R を (3-3) によって量的に求めることができるのである。すなわち,われわれは,結合生産における Ricardo 的「不変の価値尺度」を,非結合生産のケースとなんら変わることなく,どの商品の総産出量・純産出量比率も同一となる実質均等所得率として,生産プロセスとは独立に,現実経済からいつでも Smith の「触知しうる物体」として量的に確実に捉え返すことができるのである。

(3-2), (3-3) より,次の関係がえられる。

$$\begin{aligned} q^{*\prime}B^*p^* &= (1+R)q^{*\prime}A^*p^* \\ &= (1+r)q^{*\prime}A^*p^* + wq^{*\prime}l \end{aligned}$$

また,仮定4が $q'l=1$ を意味するとすれば,結合生産においても,所得分配率に関する,

$$r = R(1-w)$$

第3章 結合生産体系

という，非結合生産のケースとまったく同じ関係式が成立する。

　$1/(1+R)$ は A^*B^{*-1} の最大固有値であるが，Sraffa による，その証明を検討する前に，上の q^* と p^* がともにゼロ成分を含まないことを確めておかねばならない。

　Sraffa は，結合生産体系における標準体系が「たんに非基礎財を排除している点だけでなく，他の二つの点においても」非結合生産「体系と異なっている。第一に，一つの基礎的方程式は一般に一つの生産」プロセス「をあらわさない—それはたんに若干数の」プロセス「の方程式を結合した結果にすぎない。第二に，この体系は正の数量のみならず，負の数量をふくむかも知れない」[5] とし，一方は標準体系に入るが，他方は入らないような 2 商品のケースでは，「第二の商品を比較的多く生産する」プロセス「に負の乗数を与え，他の」プロセス「に正の乗数を与えることによ」り，「非基礎財の二つの生産量は正確に相殺されるのに，片方の生産物には正の残高が残って，標準商品の」メンバーが保持されるようにできる[6] とする。われわれが問題にしているのは，その「負の数量をふくむかも知れない」ケースである。

　任意の商品数に対して，標準体系は，たとえ負の成分を含むとしても，けっしてゼロ成分を含まず，「ゼロ以外の数量で含まれるのは基礎財のみとなる」[7] というのが Sraffa の結論である。このとき，（標準商品のメンバーとして）負の数量が出現するばあい，たとえば，ある原料がある負の乗数を受けたあるプロセスに投入されるならば，その原料を産出するプロセスも負の乗数を受けとる，とされる。負値をとる変数には，あらかじめなんらかの約束ないし定義がなければ，経済的な意味をもたせることはできないが，Sraffa は「これらの負の数量は，会計上の概念との類推によって，債務もしくは負債と解釈することができるし，他方，正の構成要素は資産とみなされるであろう」と述べて，標準体系が負の要素を含む可能性をあえて否定しない[8]。

　このとき，次が成り立つ。

　　q^* と p^* は，いずれもゼロ成分を含まない。

証明 $\xi=k$ とする。いま，q^* が $k-n$ (>0) コのゼロ成分を含むとする。$q^{*\prime}B^*=(1+R)q^{*\prime}A^*$ において，適当な置換行列 U をとり，

$$q^{*\prime}U=[q_0',\ 0']$$

とし，q_0 は n 次元の非ゼロベクトルで，0 は $k-n$ 次元ゼロ列ベクトルとする。

$$q^{*\prime}UU^{-1}B^*U=(1+R)q^{*\prime}UU^{-1}A^*U$$

において，$U^{-1}B^*U$，$U^{-1}A^*U$ をそれぞれ

$$\begin{bmatrix} B_{11} & B_{12} \\ B_{21} & B_{22} \end{bmatrix},\ \begin{bmatrix} A_{11} & A_{12} \\ A_{21} & A_{22} \end{bmatrix}$$

とかくとき，$q^{*\prime}U$ のかたちから，$[B_{21}\ B_{22}\ A_{21}\ A_{22}]$ の各行は $[B_{11}\ B_{12}\ A_{11}\ A_{12}]$ の各行の1次結合によって表される，としてよい。$(n, 2k)$ 型行列 $[B_{11}\ B_{12}\ A_{11}\ A_{12}]$ から最大限 n コの1次独立な行ベクトルがとれるが，$(k, 2k)$ 型行列

$$[U^{-1}B^*U,\ U^{-1}A^*U]$$

から $2n$ コを超える1次独立な列ベクトルはとりだせない。というのは，仮定1より，$U^{-1}B^*U$ と $U^{-1}A^*U$ のうち，いずれかは正則であるが，それらの階数がともに n を超えることはできないからである。ゆえに，

$$\begin{bmatrix} B_{11} & B_{12} & A_{11} & A_{12} \\ B_{21} & B_{22} & A_{21} & A_{22} \end{bmatrix}$$

の階数は n を超えず，非基礎的生産物が存在して，矛盾を導く。
　p^* がゼロ成分を含まないことも同様にして導くことができる。
証明終

基礎的生産物は正でない「乗数」を受けとることはあっても，非基礎的生

産物のように「正確に相殺され」てゼロの「乗数」を受けとることはけっしてないのである。

さて，Sraffa によれば，「R の可能な最低の値」だけが経済的意味をもち，それゆえにこそ，R を与える「標準純生産物を（すべての値が正であるか否かを問わず）賃金および価格の単位として採用されるに適したものとなすのに十分である」[9]。Sraffa による証明は次のように追跡できる。

いま，R_I をその最小値とし，

$$B^* p_I^* = (1+R_I) A^* p_I^* \tag{3-4}$$

$$q_I^{*\prime} B^* = (1+R_I) q_I^{*\prime} A^* \tag{3-5}$$

とする。もし $R_{II} > R_I$ となる R_{II} のもとでも（量的）標準体系がえられたとすれば，

$$B^* p_{II}^* = (1+R_{II}) A^* p_{II}^* \tag{3-6}$$

をみたし，ゼロ成分を含まないようなベクトル p_{II}^* が存在するはずであり，$w_I > 0$ に対して，$R_I = r$, $R_{II}(1-w_I) = R_I$ であるようにできる。(3-5) より，

$$q_I^{*\prime} B^* p_{II}^* = (1+R_{II}(1-w_I)) q_I^{*\prime} A^* p_{II}^* \tag{3-7}$$

であるが，A^* は基礎的生産物の投入構成を表し，どの商品の集計投入量もゼロとはなりえないから，(3-5) の右辺における $q_I^{*\prime} A^* \neq 0^\prime$ でなければならない。にもかかわらず，(3-7) の両辺がゼロであるとすれば，右辺において，個別生産手段の価値が正負いずれの値をとろうと，経済全体としてのその総価値はゼロとなり，左辺において，経済全体としての産出物の総価値もゼロとなるから，標準商品はすべて失われることになる[10]。したがって，$q_I^{*\prime} A^* p_{II}^* \neq 0$ でなければならない。すると，(3-7) より，

$$q_I^{*\prime} B^* p_{II}^* \neq (1+R_{II}) q_I^{*\prime} A^* p_{II}^* \tag{3-8}$$

が導かれ，(3-6) の両辺に左から $q_\text{I}^{*\prime}$ を乗じた関係と両立しない。ゆえに，このような R_II は存在せず，$p_\text{II}^*=0$ でなければならない。

こうして，Sraffa は次のように結論する。R_II「に対応する構成をもつ標準商品の，R のいま一つの解」R_I「に対応する価格で測った交換価値は，ゼロとなるから」，すなわち，$p_\text{II}^*=0$ となるから，「これの意味するところは，かような事情の下では，一切の商品の価格は選ばれた標準であらわせば，無限大となるであろう，ということである。かかる結果は，経済的には無意味である。しかしながら，もしわれわれが R の値のうち最低のものに対応する標準純生産物を単位に採れば，こういう変則を避けることができる」(11) と。

3-2-2 既約性（分解不能性）

J. von Neumann [22] は，生産プロセス数と商品数が必ずしも一致しないような線形・結合生産モデルを提示し，ある単純な仮定のもとに，産出量ないし生産プロセスの操業水準のもつ成長率の Max Min 値と利子率の Min Max 値の均等化（成長経済における双対性）を与える半正の価格ベクトルと半正の操業水準ベクトルの存在証明を厳密に行った。こうした，均衡解の存在証明を最優先させる論文展開は後の経済学者たちに多大な影響を及ぼした。ゲーム理論の創始者である彼は，この斉一成長モデルにおいても，半正解の存在証明には Brouwer の不動点定理を用いている。しかし，後の，たとえば T. G. Kemeny, O. Morgenstern, and G. L. Thompson [23]（KEMOTH の略称で知られる）や C. W. Howe [24] は，線形代数学の基本定理（とくに，A. W. Tucker [25] の定理）を用いる方法を開拓している。そのさい，D. Gale の貢献（[26]）も重要であるが，いまのばあい，Gale のもう 1 つの貢献（[27]）や G. L. Thompson [28] などにもみられる「既約性」ないし「分解不能性」の概念は，非結合生産のケースはもちろん，結合生産における，前述の非基礎的生産物の定義との関連で見逃せない。まず，Gale（[27]）の方法をとりあげる。

von Neumann は，同型であるが，必ずしも正方行列ではない投入係数行列 A と産出係数行列 B に対して，

$A \geqq 0$, $B \geqq 0$ かつ $A+B>0$

を仮定して,

$\alpha q'A \leqq q'B$
$\beta Ap \geqq Bp$
Max $\alpha =$ Min $\beta = \gamma$, $\gamma q'Ap = q'Bp$

をみたす,半正ベクトル q, p の存在と正数 γ の存在を証明している。成長経済におけるこの均衡は von Neumann 均衡とよばれる。

Gale は,von Neumann の仮定の代わりに,KEMOTH の,

A の各行は半正であり,B の各列は半正である

という仮定を用い,von Neumann 均衡の存在を証明しているが,それは,Max $\alpha = \alpha_M$, Min $\beta = \beta_m$ に対して,$\beta_m \leqq \alpha_M$ をみたす,$\alpha_M = \gamma$ のもとでえられる均衡であった[12]。$\alpha_M = \beta_m = \gamma$ を与える「完全な双対性定理」をうるために,Gale は「既約」概念を導入する。

A, B をともに (m, k) 型行列とする。生産プロセスの（A, B における行の）番号の集合を $I=\{1, \cdots, m\}$ とし,財の（A, B における列の）番号の集合を $J=\{1, \cdots, k\}$ とする。このとき,J の部分集合 S は,S に属さない番号をもつ財 G_j の投入がなくとも,S に属する番号をもつ財 G_i の産出が可能ならば,「独立な部分集合」とよばれる。より形式的には,I の部分集合 T と S の補集合 S^c をとるとき,$j \in S^c$, $i \in T$ に対して,$a_{ij}=0$ となり,すべての $j \in S$ に対しては,ある $i \in T$ に対して $b_{ij}>0$ となるようにできるならば,S は独立であるという。

モデルは,真の独立な部分集合が存在しえず,$S^c = \emptyset$（空集合）となるならば,「既約」（分解不能）であるといわれる。

次が成り立つ。

双対性定理（Gale） モデルが既約ならば,$\alpha_M = \beta_m$

Gale による証明は次のとおりである。$\alpha_M q'Ap \leq q'Bp \leq \beta_M q'Ap$, $\beta_m \leq \alpha_M$ であるから,

$q'Ap>0$ または, $q'Bp>0$

を示せばよい。Gale は, まず B の第 j 列ベクトル $\bar{b}_j$ に対して, 集合

$S_0 = \{j \mid q'\bar{b}_j > 0\}$

を定義し, S_0 が独立な部分集合であり, $S_0^c = \emptyset$ となることを次のように示す。
$S_0^c \neq \emptyset$ とする。q は半正であるから, T の部分集合,

$T_0 = \{i \mid q_i > 0\} \neq \emptyset$

で, $i \in T_0$, $j \in S_0^c$ に対して, $b_{ij}=0$ となるものがある。KEMOTH の仮定より, すべての i に対して $a_{ij}=0$ とはなりえず, ある $i \in T_0$ に対して, $a_{ij}>0$。すると, A の第 j 列ベクトル $\bar{a}_j$ に対して, $q'\bar{a}_j>0$ で, $q'\bar{b}_j=0$ より, $\alpha_M q'\bar{a}_j \leq q'\bar{b}_j$ が成立しない。これは矛盾である。ゆえに, $S_0^c = \emptyset$ で, 真の独立な部分集合は存在せず, B のすべての列ベクトル $\bar{b}_j$ に対して, $q'\bar{b}_j>0$ となり, $q'B>0'$。p は半正であるから, $q'Bp>0$ でなければならない。

以上が Gale による「双対性定理」の証明である。

Sraffa モデルに戻ろう。いま, k 次の正方行列 A, B に対して, 非基礎的生産物が存在するとしよう。先の行列,

$\begin{bmatrix} A_{11} & A_{12} \\ A_{21} & A_{22} \end{bmatrix}$, $\begin{bmatrix} B_{11} & B_{12} \\ B_{21} & B_{22} \end{bmatrix}$

において, A_{11} と B_{11} は n 次の正方行列, A_{21} と B_{21} は $(k-n, n)$ 型行列, A_{12} と B_{12} は $(n, k-n)$ 型行列, A_{22} と B_{22} は $k-n$ 次の正方行列であった。このとき, Manara [29] は,

$D = \begin{bmatrix} B_{12} & A_{12} \\ B_{22} & A_{22} \end{bmatrix}$

を定義して，D の基底を $[B_{22}\ A_{22}]$ とし，$[B_{12}\ A_{12}] = V[B_{22}\ A_{22}]$ とおく。n 次の単位行列 I_n に対して，

$$M = \begin{bmatrix} I_n & -V \\ O & I_{n-k} \end{bmatrix}$$

を定義すれば，

$$MU^{-1}BU = \begin{bmatrix} B_{11} - VB_{21} & O \\ B_{21} & B_{22} \end{bmatrix}, \quad MU^{-1}AU = \begin{bmatrix} A_{11} - VA_{21} & O \\ A_{21} & A_{22} \end{bmatrix}$$

はともに分解可能となる。このことから，Manara は $[B_{22}\ A_{22}]$ を構成する商品を Sraffa のいう非基礎的生産物とするのである[13]。

von Neumann モデルにおける規約性が Sraffa モデルにおける基礎的生産物の存在条件より緩くみえるのは，後者における投入行列と産出行列がともに正方行列だからである。Sraffa がそうした一見窮屈そうにみえる正方行列を措定したのは，非負解の存在条件よりも，非ゼロ解の存在条件を優先させていたからである。

例 2

$$A = \begin{bmatrix} 1 & 0 & 0 \\ 1 & 0 & 0 \\ 0 & 1 & 1 \end{bmatrix}, \quad B = \begin{bmatrix} 0 & 1 & 0 \\ 0 & 1 & 1 \\ 1 & 1 & 2 \end{bmatrix}$$

とする。P_2 において，商品 2，3 は投下されていないが，P_1 において，商品 2 が産出されている。また，P_2 において，商品 3 は投下されていないが，P_3 において，すべての商品が産出されている。したがって，既約性がみたされていない。このとき，$R = (\sqrt{5}-1)/2$ に対して，$q_1 = 1$, $q_2 = (\sqrt{5}-3)/2 < 0$, $q_3 = 1$ で，また，$p_1 = 1$, $p_2 = (\sqrt{5}-1)/2$, $p_3 = 0$ とすることができ，商品 3 は非基礎的生産物であることがわかる。これは，Manara により，$A_{22} = [1, 0]'$, $B_{22} = [1, 1]'$, $V = [0, 1]'$ とおいて確かめられる。商品 3 と生産プロセス 2 を除いてやれば，$R = (\sqrt{5}-1)/2$ を与える $p_1 = (\sqrt{5}-1)/2$, $p_2 = 1$ がえられ，$q_1 = (\sqrt{5}-1)/2$, $q_3 = 1$ がえられる。

(例終)

3-3 ■ 相対価格と所得分配率

3-3-1 生産手段の，直接労働量への還元

商品の相対価格は，賃金をゼロとしてえられる極大利潤率ないし標準比率 R のもとでは，結合生産，非結合生産の区別なく，$B^{-1}A$ の最大固有値 $1/(1+R)$ に属する固有ベクトルの成分比として求まる。そこで，Sraffa は，それと両極の，(Ricardo 的に解釈した) Smith の「初期未開社会」において「利潤率がゼロであるときには，諸商品の相対価値は，直接間接にその生産に投ぜられた労働量に比例するという」非結合生産においてえられた「原則」がはたして結合生産においても妥当するかどうかを問うている。結合生産における，利潤率も賃金率も正であるときの相対価格のふるまいを知るためである。

非結合生産ならば，生産手段の価値は直接投下労働量に「還元」され，

$$b_i p_i = w l_i^1 + w l_i^1 (1+r) + \cdots + w l_i^\tau (1+r)^\tau + \cdots, \ i=1, \cdots, k$$

で，収穫不変の想定より，b_i と l_i は比例するから，生産物の価値は，利潤率と賃金率がわかれば，投下労働量によって決まる。が，これでは生産費説から脱却できない。ただし，利潤がゼロならば，$w=1$ で，商品の相対価値は，対角行列 B に対して，

$$[B-A]p = l$$

により定まることがわかっている。もし $B-A$ が Hawkins-Simon の条件 ([30]) をみたせば，任意の $l≧0$ に対して，成分比が一意の $p≧0$ が存在して，相対価格は投下労働量の比として，w の変化とは無関係に定まり，生産手段の価値 Ap の成分比も l の成分を用いて表される。

ところが，結合生産ならば，同じ利潤ゼロのもとでも，B は対角行列ではないから，Hawkins-Simon の条件に相当するものは期待できない。それに，

各生産プロセスにおける「労働をその個々の生産物のあいだに割当てる明白な基準がな」いため，たとえ $p=[B-A]^{-1}l$ のかたちがとれても，それに「いくらかでも意味があるかどうか，疑わし」いのである[(14)]。

それでも，「純生産物を構成する諸商品の各々に対して，その生産に直接間接に入るとみなしうる総労働の割当を決定し」うるような「小体系」「の方法は適当な手加減をほどこせば，結合生産物の体系にも拡張することができる」[(15)]と Sraffa は述べて，2結合生産プロセス・2商品の例をあげている。そこには生産方程式は示されていないが，議論は次のようになろう。

利潤がゼロで，

$$b_{11}p_1+b_{12}p_2=a_{11}p_1+a_{12}p_2+l_1$$
$$b_{21}p_1+b_{22}p_2=a_{21}p_1+a_{22}p_2+l_2$$

のとき，$[B-A]^{-1}$ が存在すれば，$B-A$ が Hawkins-Simon の条件をみたしていなくても，$p=[p_1, p_2]'$ は $l=[l_1, l_2]'$ によって一意的に表され，商品の物的配分関係については，商品 j の純産出量 y_j に対して，

$$q_1b_{11}+(q_2b_{21})=q_1a_{11}+(q_2a_{21})+y_1$$
$$(q_1b_{12})+q_2b_{22}=q_1a_{12}+(q_2a_{22})+(y_2)$$

で，$q'=[q_1, q_2]$ も $y'=[y_1, y_2]$ によって一意的に表される。Sraffa は，純産出 y の変化に応じて q が変化し，「直ちに自己補塡的な状態が復元される」ならば，社会の総雇用量は q に応じて変化し，「追加された商品の価値は，利潤率ゼロに対応する価格において，明らかに追加労働量にひとしいであろう」[(16)]とする。ここで，「小体系」の方法というのは，y_1 の変化に対しては，産出の変化が q_1b_{11} について生じるが，(q_2b_{21}) には生じないように，体系をあたかも非結合生産体系のように扱う方法である。すると，もし y_1 の変化がごく微小ならば，投入ベクトル $[a_{11}, a_{12}, l_1]$ のスカラー倍がその変化に対応するといえそうであるが，じつはそうではない。Sraffa が注目しているのは次の限界分析の成果とおもわれる。

$$\frac{\partial p_i}{\partial l_i} = \frac{\partial q_i}{\partial y_i}, \quad i=1, 2 \qquad (3\text{-}9)$$

したがって,

$$\frac{\partial (p_i - l_i)}{\partial l_i} = \frac{\partial (q_i - y_i)}{\partial y_i}, \quad i=1, 2$$

または,

$$\frac{\partial l_i}{\partial y_i} = \frac{\partial (p_i - l_i)}{\partial (q_i - y_i)}, \quad i=1, 2 \qquad (3\text{-}10)$$

$p_i - l_i$ を P_i における生産手段の価値に対応させ, $q_i - y_i$ をその量に対応させれば,「生産手段を生産するために必要とされるどんな追加労働」((3-10)の右辺)「も, 間接労働として, 純生産物への追加を生産する労働量」として評価される労働量((3-10)の左辺)「のなかに含まれる。」[17] もし標準体系ならば, (3-9), (3-10) に現れる値はすべての商品について同一となるはずである。われわれがいま手にした「小体系」は, 標準体系の条件をみたしてはいないが, このように, 限界分析によってえられる, その近似の対応物を提供しているのである[18]。

Sraffa は, 非結合生産における生産手段の価値の, 直接投下労働量への還元を結合生産のケースにおいて実行しようとすれば,「生産物の一方を切離して保持しながら, 他方を消去」しなければならないから, 2 生産プロセスをもつ結合生産方程式ならば, 一方の係数が正のとき, 他方は負でなければならず,「その結果として, 還元における項目のいくつかは負の労働量をあらわすことになるであろう」し,「さらに悪いことには, 系列は正負の両数量をもふくむであろうから,「商品残余」は連続的な近似の段階において, ゼロに」収束するどころか, 発散的に変動するかもしれないと述べ, また 2 産出物が 1 ないし 2 生産プロセスで同一の割合で生産されるとき, 還元の試み自体無意味になるかもしれないとする。「なぜなら, 二生産物間への価値および労働量の配分は, まったくこれらの生産物が他商品の生産手段として用いられた方法にかかってくるであろうから」[19] と。すなわち, (3-9) ないし (3-10) を用いた「小体系」の方法, 限界分析の方法は, この「用いられ

た方法」を排除してしまっているため，ある程度の有効性しかもちえず，また負の労働量の存在を認めたとしても，還元方程式は確定しえないのである。賃金ゼロと利潤ゼロの両極における相対価格について確実にいえるものはなにもなく，いまのばあい，生産費説を回避しつつ，賃金変化や利潤変化にともなう価格変化を説明するてがかりはどこにも残っていない。

ここで，「負の価値」は，Ricardo的投下労働価値説の立場からすれば，ほとんど意味がなく，過去の生産の成果であるストックの，ある期間内における不生産的消費の量，生産手段のくいつぶし（「負の労働」）の量が生きた労働の量を超えるとき以外には生じえない（Schefold [20] 参照）。

非結合生産において，利潤がゼロのときは，相対価格は投下労働量によって一意的に定まり，そうでないときの「一商品の価格は」明らかに「何か他の商品の価格が最初に負となったばあいに，はじめて負となることができる」が，結合生産ならば，賃金率の変化に対して，「相手方の生産物の価格が，二生産物の総価値を必要な開きだけその生産手段の総価値以上に維持するに足るほど騰貴することによって，バランスが回復されるものとすれば，二生産物の一方の価格が負となることは可能となるのである。」Sraffaは，賃金変化にともない，負の価値が出現するのは，利潤率ゼロという特定のケースだけでなく，ごく「正常な率の利潤をもつ現実の状態」においてもありうるとし，「その商品は事実として，負の労働量によって生産されているという結論に至らざるをえない」[20] という。

Sraffaは，負の価値が生ずる理由を商品ストックのくいつぶしに求めるかわりに負の支配労働の存在に求めているとおもわれる。というのも，彼は，「正負の両数量をふくむ標準商品を計算貨幣として採用」し，正の価値を「資産」に，負の価値を「負債」に対応させるならば，後者は市場において，「支払いを受けることなく」譲渡されねばならない量に照応する[21] としているからである。ある生産プロセスにおいて，「負の労働量によって生産され」た生産手段が存在するばあい，それが「負債」としてそれだけの値になるのは，別の目的に使用すれば，その絶対値に等しいだけの正の価値をもたらしたはずの機会を失ってしまったからである。

機会費用をもつ労働はつねに「支配労働」として機能するほかない。Sraffaは，個別生産プロセスにおける直接労働の，結合生産物への対象化の程度がほとんど推計できないため，その対象化の過程は事後的に遡及されうるにすぎない，と考えているようである。じっさい，先の利潤ゼロの例において，ある財の純産出「量が増加する（他の構成要素は不変に保たれているとして）と仮定するならば，われわれはその一つの結果として，社会によって雇用される総労働量は，じじつ，減少したことを見出だすであろう」（(3-10)の左辺が負のばあい）が，利潤率が正常な一定水準であるときも，(3-10)が成り立ち，「実際において，労働に対する支出の減少は，利潤に対する費用の増加によって相殺されて余りがあるから，そこで純産出高への追加は，生産費に対する正の追加を伴うことになるであろう」（(3-10)の右辺も負）と述べている[22]。そうなるのは，生産手段に対象化された労働の量を「支配労働」としての直接労働によって「触知しうる」かたちで測るには「じじつ」による以外にないからである。

3-3-2　賃金率の変化と相対価格の変化

　Sraffaは，非結合生産ならば，価格の下落率は賃金率のそれを上回ることはないが，結合生産ならば，同じ生産プロセスからの代替的産出物の「価格が騰貴して（ないしはほんのわずかな下落をこうむって），産業の生産物全体として，最初の商品の価格の過度の下落を埋めあわせるという，これに代る可能性がある」と述べ，価格変化率の下限を画するものはなにもなく，「いかなる標準においても賃金の下落は利潤率の上昇をもたらすという原則には，いまや例外を認めなければならない」，という。彼は，たとえば，賃金率 w に対して，$dw/w=-0.1$ のとき，「標準生産物で測られた商品」「の価格」p に対して，$dp/p=-0.11$ であるとすれば，$dw/w<0$ にもかかわらず，標準生産物で測った「標準賃金」は騰貴し，利潤率の低下を意味するとし，「標準を明記しないかぎり，もはや賃金の騰落について，語りえないのである」，とする。とはいえ，非結合生産のケース「と同様，利潤率のある一つの水準に対しては，賃金を表現する標準が何であろうと，一つの賃金が

対応しうるのみである」[23]という命題は保持される。

ところで，非結合生産のケースと同様，P_i における生産手段の価値に対する直接投下労働量比率，$l_i/a'_i p$ を R_i とおけば，利潤率 r，賃金率 w に対して，次が成り立つ．

$$b'_i p = \left(\frac{1+r}{R_i} + w\right) l_i, \ i=1, \cdots, k$$

もし $R_i = R, \ i=1, \cdots, k$ ならば，$Bp = (1+R)Ap$ で，結合生産における Ricardo 的価値標準がえられる．いま，$p = p^*, \ l = l^*$ に対して，生産プロセス P_1 からの総産出物の総価値を，

$$b'_1 p^* = \frac{1+R}{R} l_1^*$$

とし，$P_i \ (i=2, \cdots, k)$ からの産出物の総価値 $b'_i p$ との比を，

$$\psi_i = \frac{b'_i p}{b'_1 p^*} = \frac{R(1+R(1-w)+wR_i)}{(1+R)R_i} \frac{l_i}{l_1^*}, \ i=2, \cdots, k$$

で表す．ここで，利潤率と賃金率の対応関係は，P_1 におけるそれを反映させ，$r = R(1-w)$ をみたすとする．また，$b'_i/l_i, \ i=1, \cdots, k$ の成分の逆数は通常，労働投入係数とよばれるが，ここでも，この係数は労働需要の意味をもたないとする．

$l_i/l_1^* = \rho_i$ とおき，$\psi_i/\rho_i = \phi_i$ とおく．非結合生産のケースと同様，

$$\mathrm{Max}\{R_i^*(\tau+\alpha), \ R_i^*(\tau)\} = R_{iM}^*$$

に対して，

$$\delta = 2\frac{R^*}{1+R^*} \mathop{\mathrm{Min}}_{2 \leq i \leq k} \left\{\frac{1+R^* - R_{iM}^*}{R_{iM}^*}\right\}$$

とおけば，

$$|\phi_i(\tau+\alpha) - \phi_i(\tau)| \leq \delta |-w(\tau+\alpha) + w(\tau)|, \ i=2, \cdots, k$$

が成り立つようにできる．

すると，非結合生産のケースとまったく同様に，任意の $\varepsilon > 0$ に対して，

$|\phi_i(\tau+\alpha)-\phi_i(\tau)|\leq\varepsilon$, $i=2, \cdots, k$ をみたす ϕ_i を概周期関数とよび，この左辺の上限を与える $\alpha=\alpha(\varepsilon)$ を ε に関する概周期とよぶことができる。われわれは，結合生産における価格（束の）系列の相対的安定性を，$\phi_i, i=2, \cdots, k$ という生産プロセスからの総産出物の相対価値によって知ることができる。しかし，それは非結合生産のときのような，生産プロセスと商品を1対1に対応させたばあいの相対価格，$p_i(\tau)/p_i^*, i=2, \cdots, k$ に関するものではなく，間接的で曖昧な評価となっている。それゆえ，Sraffa は，いまのばあい，Ricardo が非結合生産において期待した，生産プロセスの比較による価格系列の相対的安定性をこのようなかたちでは追及しなかったのである。とはいえ，結合生産体系をもたない Ricardo であっても，こうした概周期関数の存在にはいくらかは満足するであろうし，Sraffa も，標準商品がいかなる経済体系においても堅固な「不変の価値尺度」であることが証明されている以上，少なくとも，この結果には反対しないであろう。が，それが間接的で曖昧な評価ゆえに積極的に賛意を示すこともないであろう。

3-3-3 不等式体系

結合生産のもとでの「不変の価値尺度」問題の解を $B^{-1}A$ や AB^{-1} に関する固有値問題に求めるかぎり，体系が複素数を含む可能性はきわめて高いといわねばならない。そのままでは，価格体系や q 体系に経済的意味を与えることができない。かといって，絶対値をとり，等式体系から不等式体系へ移行しても，Sraffa が与えた，（負の要素を含むかもしれない）基礎的生産物が存在するための行列の階数に関する条件は変質してしまう。たとえば，B^{-1} が存在するとき，$B^{-1}A$ の最大固有値 λ に対して，$\lambda p = B^{-1}Ap$ であるが，$B^{-1}A = \{c_{ij}\}$ とするとき，

$$|\lambda||p_i| \leq \sum_{j=1}^{k} |c_{ij}||p_j|, \ i=1, \cdots, k$$

において，$p_i \neq 0, i=1, \cdots, k$ ならば，$|p_i| > 0, i=1, \cdots, k$ であるが，不等式体系のもとでは，Sraffa の，行列の階数に関する条件は使えない。

そこで，Sraffa 生産方程式（3-2）をよみかえ，いかなる生産プロセス P_i

($i=1, \cdots, k$) における,いかなる産出物の価値も,その中間投入額と付加価値の合計を超えないとし,A の第 i 行ベクトル a_i',B の第 i 行ベクトル b_i' に対して,

$$b_i'p \leq (1+r)a_i'p + wl_i, \ i=1, \cdots, k$$

または,

$$Bp \leq (1+r)Ap + wl$$

のようにかきあらためる。その上で,この生産不等式における非負解の存在を保証する2条件を追加する。これにより,Sraffa から遠く離れてしまう恐れはあるが,あえてそうするのは,現代線形 Marx モデル,とくに M. Morishima [33], M. Morishima and G. Catephores [34] や I. Steedman [35] のモデルに対する批判をこれら追加2条件によって堅実なものにしようという,ここでのもう1つの目標があるからである。

まず,

条件1　$q'[B-A] \leq 0'$ は $q' \geq 0'$ となる解をもたない

とする。もしこの条件が成り立たないとすれば,生産プロセスの操業水準ベクトルが半正で,少なくとも1つのプロセスでは正の生産調整が行われているのに,どの商品 j の総産出量 $q'\bar{b}_j$ もその総投入量 $q'\bar{a}_j$ を上回らず,どの商品 j の剰余生産物も非正でなければならないことになる。もし産業産出物のこのような異常な配分関係が継続するようなら,そうした経済は早晩消滅するであろう。条件1ならば,線形不等式に関する基本定理により,

$$[B-A]p > 0 \text{ は,解 } p > 0 \text{ をもつ} \tag{3-11}$$

ようにでき（証明は Gale [27] 参照）,直接労働の投入量がすべて正であるように正の価格ベクトルが存在する。このとき,体系が基礎的生産物から構成されるかぎり,各生産プロセスは正の投入物をもつから,A のすべての行ベクトルは半正である。すると,$Ap > 0$ であることから,

$$Bp \leq \theta_0 Ap, \quad p > 0$$

をみたす $\theta_0 = \theta_0(p)(>1)$ の集合は空でなく，θ_0 の最小値を $1+R_0$ とすれば，

$$Ap < Bp \leq (1+R_0)Ap, \quad p > 0 \tag{3-12}$$

となるようにできる。

次に，

条件2　$[B-A]p \leq 0$ は，解 $p \geq 0$ をもたない

とする。もしこの条件が成り立たないとすれば，$p \geq 0$ に対して，どの生産プロセス P_i における産出物の総価値 $b_i'p$ も生産手段の総価値 $a_i'p$ を上回らず，どのプロセスにおける直接労働の投入量も非正でなければならない。条件2をみたさない経済は現実には存在しえないはずである。すると，ふたたび，線形不等式に関する基本定理により，

$$q'[B-A] > 0', \quad q' > 0' \tag{3-13}$$

であるようにでき，どの商品の総産出量も正となる（B の各列は半正）から，$q'B > 0'$ としてよく，どの商品の純産出物も正であるようにできる。ゆえに，

$$q'B \geq \theta_1 q'A, \quad q' > 0'$$

をみたす $\theta_1 = \theta_1(q)(>1)$ の集合は空でなく，θ_1 の最大値を $1+R_1$ とすれば，

$$q'B \geq (1+R_1)q'A \geq q'A, \quad q' > 0' \tag{3-14}$$

となるようにできる。(3-12)，(3-14) より，

$$(1+R_1)q'Ap \leq q'Bp \leq (1+R_0)q'Ap$$

で，$q'Ap > 0$ であるから，$R_1 \leq R_0$ であるが，もし $R_1 < R_0$ とすれば，R_0 の最小性より，

$Bp≦(1+R_1)Ap$ は $p≧0$ となる解をもたない

ふたたび，線形不等式に関する基本定理により，

$q'B>(1+R_1)q'A$ が解 $q'>0'$ をもつ

ようにできるが，このとき，$q'A≧0'$ であるから，ある $ε>0$ に対して，$q'B≧(1+R_1+ε)q'A$ であるようにできる。これは R_1 の最大性に反する。ゆえに，$R_0=R_1=R>0$ に対して，

$$Bp≦(1+R)Ap,\ p>0 \tag{3-15}$$

$$q'B≧(1+R)q'A,\ q'>0 \tag{3-16}$$

$$q'Bp=(1+R)q'Ap \tag{3-17}$$

このとき，$p>0$，$q>0$ であるから，(3-15)，(3-16) における広義不等号は，「相補スラック性定理」により，すべて等号となり，われわれは不等式体系を出発し，条件1と条件2を承認することによって，回り道をしながらも，正解をもつSraffa等式体系へ立ち帰ったことになる。

条件1と条件2は，等式体系としてのSraffaモデルが正の標準体系をもち，Ricardo的価値標準を示す基礎的方程式が正解をもつための十分条件であるが，必要条件にはけっしてなりえない。が，こうした関係は線形Marxモデルに関する（いわれのない）「負の価値」問題に対する「解」をうるための1つのてがかりを与える。

まず，次の不等式に注目する。

$$[B-A]v≦l \tag{3-18}$$

Marx [16]（『資本論』を主著として）は利潤の源を「剰余価値」にみいだし，古典派経済学を批判的に摂取して，資本の運動法則を明らかにし，確固たる資本主義分析手段を確立した。近年，Marxの価値・価格体系は線形

モデルのなかで展開されることが多い。きっかけは，Sraffa が Ricardo モデルの線形性を受け継ぎ，それを Smith によって現代に復活させたところにある，とおもわれるが，そのさい，Marx モデルのベースとなるのは (3-18) で，(非結合生産のケースも含めて) とくに等号で成り立つとき，「価値方程式」とよばれる。価値ベクトル v に対して，労働力の再生産を可能にする賃金財ベクトルを含む最終需要ベクトルを決めれば，平均利潤率を体現する生産価格体系が求まる，というわけである。しかし，(3-18) は，前述のように，どの生産プロセスにおける産出物の価値も生産手段に対象化された（間接）労働量と生きた（直接）労働投入量の総和を超えないという自明の理を述べた定義式にすぎず，そのままでは価値決定方程式にはけっしてなりえない。したがって，Morishima [33]，Morishima and Catephores [34] のように，l を Marx の価値基準，「社会的・平均的必要労働時間」によってあらかじめ測られた量（労働投入係数ベクトル）としつつ，v を価値ベクトルとするのは正しくない。そのように措定された l, v には，資本の要求する個別労働間の関係，いまのばあいは同質労働の，生産プロセス間への配分関係が少しも反映されていないのである。じつは，(3-18) の内容は，第 2 章 2-1-2 剰余生産物ゼロのケース再論でみたように，剰余生産物ゼロの初期未開社会をあえて資本主義的につくりなおし，利潤ゼロのもとでの投下労働量・価格関係をみなおしたものとほとんど同じである。では，Ricardo 的投下労働量はいかにして Marx 的投下労働量へ変換されるのであろうか。

　まず，(3-18) において，A の第 i 行ベクトル a'_i，B の第 i 行ベクトル b'_i に対して，次を定義する。

$$\underset{1\leq i\leq k}{\mathrm{Max}}\frac{b'_i v - a'_i v}{b'_i v} = \mu(v)$$

$\mu(v)$ を与える生産プロセスにおいては，産出物の総価値に対する生きた直接労働の量が他のプロセスに比べて最も大きく，労働生産性はすべての生産プロセスのなかで最も低いといえよう。資本はそれをできるだけ高くするよう，したがって，

$$\operatorname*{Min}_{v} \mu(v)=\mu(v^*)=\mu^*$$

がえられるよう労働力の配分・配備に努めるであろう。もし条件1がこのばあいも成り立ち、生産物ストックのくいつぶししか望めないような経済を想定しさえしなければ、$Bv > Av$ が正解 $v > 0$ をもつようにできる。$\mu^* = R_0/(1+R_0)$ とおけば、(3-12) と同じ関係式が成り立つ。このようにしてえられる、

$$b_i'v - a_i'v$$

こそは、社会的・平均的必要労働時間によって測られた、生産プロセス P_i における Ricardo-Marx 的直接投下労働量といえるのである。

まず、条件2のもとで、どの生産プロセスにおいても、直接労働量が非正になりえないとすれば、$q'B > q'A$ は正解 $q' > 0'$ をもち、総産出物の配分に関して、A の第 j 列ベクトル $\overline{a_j}$、B の第 j 列ベクトル $\overline{b_j}$ に対して、次が定義できる。

$$\operatorname*{Min}_{1 \leq j \leq k} \frac{q'\overline{b_j} - q'\overline{a_j}}{q'\overline{b_j}} = \sigma(q)$$

$\sigma(q)$ を与える商品は、その総産出のうち純産出としての利用可能な量が最も少ない商品であり、実質所得形成への貢献度がそれだけ小さく、実質所得率が最小となる商品である。資本は、プロセスの操業水準 q を調整して、

$$\operatorname*{Max}_{q} \sigma(q) = \sigma(q^*) = \sigma^*$$

を達成しようとするであろう。このとき、いかなる最終需要水準に対しても、生産価格ベクトルが価値ベクトルのスカラー倍にならねばならないとすれば、$\sigma^* = R_1/(1+R_1)$ に対して、(3-14) と同じ関係式が成り立ち、したがって、ここでも、(3-15)、(3-16) における広義不等号が等号となり、(3-17) も当然成り立ち、μ^* は σ^* として量的に捉え返されるのである。

Sraffa にとって、等式体系をあえて不等式体系へ変換したり、σ^* や μ^* を用いるべき理由はまったくない。また、もし (3-15)、(3-16)、(3-17) が

Sraffa からかけ離れたものであれば，投入行列と産出行列の両方をともに正方行列とすべき理由もない．しかし，Marx に強い示唆を受けつつも，必ずしも Marx にしたがってはいない Sraffa ではあるが，Marx モデルの再構成のてがかりの1つがこれら2条件をみたす不等式体系によって与えられるという主張を論外とはしないであろう．

3-3-4　Steedman の負の価値

Steedman [35] は，次の例を Marx 価値・価格論の反例とし，その反証を与えようとした．

$$\text{投入行列 } A = \begin{bmatrix} 5 & 0 \\ 0 & 10 \end{bmatrix}, \text{ 産出行列 } B = \begin{bmatrix} 6 & 1 \\ 3 & 12 \end{bmatrix}$$

いま，ある与えられたベクトル $l=[1, 1]'$ に対して，価値ベクトルを $v=[v_1, v_2]'$ とすれば，「価値方程式」，

$$Bv = Av + l$$

より，$v_1=-1$, $v_2=2$．ところが，「商品1(2)の1単位によって支配される労働量 p_1 (p_2)」を第1(2)成分とする生産価格ベクトル $[p_1, p_2]'$ は，賃金総額をある最終需要額に対応させれば，負の剰余価値が存在するにもかかわらず，正の一般利潤率に対して，$p_1>0$, $p_2>0$ であるようにできる．これは，正の剰余価値が正の利潤のための必要十分条件であるとする「Marx の基本定理」の反例になっている，というのである．

これに対して，Morishima and Catephores [34] は，価値方程式を

$$Bv \leq Av + l, \quad v \geq 0$$

のようにかきあらため，この制約条件のもとに，労働力の生産・再生産を可能にする賃金財を含む，ある最終需要の総額を最大化するという目的をもった線形計画問題をつくる．この双対問題は，少なくともその最終需要をみたすような生産プロセスの非負操業水準のもとで，支払い賃金総額を最小にす

る問題である。線形計画問題に関する双対定理によれば，両問題の可能解の集合が空でないかぎり，これらの目的関数は同じ最適値をもち，負の価値を排除しつつ，Marx の基本定理が成り立つようにできる。

しかし，$l=[1, 1]'$ はそのままである。$v=[v_1, v_2]'$ をそのように措定できないのは前述のとおりである。価値不等式に資本の運動法則を反映させるには，価値ベクトルを，

$$\underset{p}{\text{Min}} \underset{1 \leq i \leq k}{\text{Max}} \frac{b_i'v - a_i'v}{b_i'v}$$

を与えるようなベクトル $[-2+\sqrt{6}, 3-\sqrt{6}]'$ としなければならない。したがって，

$$l=[\sqrt{6}, 1]'$$

でなければならない。この l のもとでは，賃金財ベクトルをどのように設定しようと，正の剰余価値のもとで正の平均利潤率を与える生産価格が正であるようにできるのはいうまでもない。これが Steedman の負の価値問題に対するもう1つの解である。

$v \geq 0$ を前提することは許されない。では，Steedman における負の価値の意味はなんであろうか。先の線形不等式に関する基本定理を想起すればよい。

$q'[B-A]<0'$ が正解 $q'>0'$ をもてば，$[B-A]v=l \geq 0$ は半正解 $v \geq 0$ をもたない。

すなわち，Steedman モデルに負の解が出現するのは，すべての生産プロセスが正の方向に調整されているのに，どの商品の純産出量も負となる，という異常な状況をこのモデルが排除しきれていないからある。条件1ならば，正の価値ベクトルが存在するようにできるのに，Steedman があえて負の価値を登場させたのには理由がある。Sraffa が結合生産における負の価値の存在を認めたからである。しかし，Sraffa は負の価値を Ricardo も Marx も拒否した支配労働価値説をとおしてみている。負の価値が生ずる理由を Marx に求めてはならない。剰余価値の考え方が支配労働価値説から生まれること

はけっしてないからである。また，Morishima and Catephores は負の価値を上述のようなかたちで回避したが，l をあらかじめ与えられたベクトルとするかぎり，それは正当な回避であったとはいえない。

3-4 ■ 固定資本

3-4-1 耐久的生産手段の評価方法

　Sraffa は，「耐久的な生産用具を，一年たつあいだに完全に使い果たされてしまうような生産手段（たとえば原料）と同一の立場から，」生産プロセス「の年々の投入の一部であるとみなすことにしよう。他方で，耐久的生産用具のうち年末に残されたものは，産業の年々の結合生産物の一部として扱われるであろう」とし，各プロセスにおいて「異なった年数を経過した同一の機械が，その経過年数の数だけの異なった生産物として扱われ」，各プロセスがいくつかの「販売可能の商品とともに，」そのプロセス「で用いられる用具よりも一年だけ古くなった用具を結合的に「生産する」」ようにできる，とする。こうした関係を定式化するためには，各プロセス「が用いる生産手段および労働の量が，価値を知る必要なく，数量の尺度を用いて別々に確定し」え，「その結果，各」プロセス「について独立の生産方程式をつくりうる」ようにしなければならない[24]。固定資本のこの評価方法は，「資本財」は生産プロセスの「両辺に入ってしかるべき」とする von Neumann [22] の方法と似ているが，Sraffa がここで論じようとしているのは，生産プロセスごとに固定資本の耐用年数が異なるとき，所得分配率から独立した（固定資本を含む）生産物の価値をどのように求めればよいかという，「不変の価値尺度」問題を解くにあたって，Ricardo が自らに課した，資本構成の不均等性の問題と Sraffa のいう「流動資本の耐久性」の問題に並ぶ，もう1つの解決すべき問題であった。

　固定資本をこのように結合生産のなかにおくと，モデルには，時間の要素が陽表的に組み込まれねばならない。Sraffa は，複数年にわたり連続して使用可能な生産手段が同時に生産物でもあるとき，「生産手段の補塡と均一の

利潤率の支払とを可能ならしめるという本源的な条件を正しく果たす」ような評価基準を (Ricardo が『経済学および課税の原理』初版と第二版で採用し，第三版で放棄した)「年金法」に求めている[25]。

「機械「m」が耐用年数をつうじて一定の効率をもって働く」とき，生産物の構成要素へのその「働き」が一様で，その価格も一様になるようなら，「その機械にかんする利子および減価のために支払わるべき年々の費用は，一定でなければならない」から，Sraffa は，この費用が，「一般利潤率 r を基礎として計算すれば，機械の当初の価格とひとしい現在価値をもつところの確定年金にひとしいであろう」とし，「その当初の価格を p_{m0} とし，機械の耐用年数を n 年とすれば，年金は，どんな商業算術便覧からも見出されるように，

$$p_{m0}\frac{r(1+r)^n}{(1+r)^n-1}$$

であり，したがって，これが機械に対する年々の費用となる」[26]とする。じっさい，$p_{m0}=Q_1/(1+r)+\cdots+Q_n/(1+r)^n$ とおけば，$Q_1=\cdots=Q_n=Q$ のとき，

$$p_{m0}=Q\left(\frac{1}{1+r}+\cdots+\frac{1}{(1+r)^n}\right)=Q\frac{(1+r)^n-1}{r(1+r)^n}$$

では，毎年，「$G_{(g)}$ (一商品のある数量) を生産するために必要とされる，所与の型の機械の数量は，機械が新品であるときには M_0，一年たったときには M_1 等々…，そしてそれが有用性を発揮する最後の年にはいると，M_{n-1} によって示される」ようなばあいはどうか。機械の「価格ないしは帳簿価値」の系列 $p_{m0}, p_{m1}, \cdots, p_{m(n-1)}$ は，「先に仮定した機械の耐用年数をつうじての効率不変という条件のもとでは，」

$$G_{(g)}p_g+M_1p_{m1}=(1+r)(M_0p_{m0}+a_{g1}p_1+\cdots+a_{gk}p_k)+l_gw$$
$$G_{(g)}p_g+M_2p_{m2}=(1+r)(M_1p_{m1}+a_{g1}p_1+\cdots+a_{gk}p_k)+l_gw$$
$$\cdots\cdots\cdots\cdots\cdots\cdots\cdots\cdots\cdots$$
$$G_{(g)}p_g=(1+r)(M_{n-1}p_{m(n-1)}+a_{g1}p_1+a_{gk}p_k)+l_gw$$

をみたすから，上から順に，両辺に「$(1+r)^{n-1}$, $(1+r)^{n-2}$, …, $(1+r)$, 1 を乗じて，加算すれば，」

$$G_{(g)}p_g = M_0 p_{m0} \frac{r(1+r)^n}{(1+r)^n - 1} + (1+r)(a_{g1}p_1 + \cdots + a_{gk}p_k) + l_g w$$

右辺「第一項は機械にたいする年々の費用をあらわし，先に」「年金接近法によって得た式と同一である。」[27]このとき，効率一定を仮定しないほうが一般性をもつのは当然で，Sraffaは，「この費用は一般的には一定ではなくて変動するものであり，おそらくは，用具ないし資産の経過年数とともに低落してゆく」とみてよいが，実際には，同じ機械を異なった生産プロセス（産業）で使用することができ，その減価も互いに異なることに注意すべきであるとしている。もちろん，同じ効率，同じ操業水準をもつ機械ならば，費用は上の年金に等しく，帳簿価値は全産業において同じ水準となるはずである[28]。

Sraffaは，『商品による商品の生産』「付録D四」において，Smithが軽視した，固定資本の，価値決定への影響をはじめて明らかにしたのはRicardoであり，R. TorrensがRicardo批判を行うなかで示した結合生産の方法をRicardo自身『経済学および課税の原理』第三版で採用している，と述べている。しかし，Sraffaは，『リカードウ全集』「編者序文」において，Ricardoが「第三版では，相対価格に差異を生じさせるものとして，時によっては資本の割合または耐久性の差異に言及してはいるけれども，賃銀上昇の影響がなお依然として最前線にとどまっている」，とも述べている[29]。

3-4-2 還元方程式

そこで，Sraffaは，生産手段の価値を利潤率と直接労働量によって評価・還元する，非結合生産のケースと同様の「還元方程式」がつくれるかどうかを問うている。彼の例をみよう。「機械が二年の耐用年数をもち，その効率は一定である」とすれば，

$$G_{(g)}p_g + M_1 p_{m1} = (1+r)(M_0 p_{m0} + a_{g1}p_1 + \cdots + a_{gk}p_k) + l_g w$$
$$G_{(g)}p_g \qquad\quad = (1+r)(M_1 p_{m1} + a_{g1}p_1 + \cdots + a_{gk}p_k) + l_g w$$

「一年たった機械 M_1 を一系列の労働項に「還元」するため」に，まず第1式から第2式を引き，M_1 の項を左辺に残し，

$$M_1 p_{m1} = (1+r)M_0 p_{m0} - (1+r)M_1 p_{m1}$$

のように，M_1 を「分離」しようとしても，右辺第2項に「同じ数量 M_1 が生産手段のなかに出てくることになるが，これは負の符号をもち，その価格には $(1+r)$ が乗ぜられる。」さらに，「M_1 をふくむ負の項の「還元」を」実行しようとして，はじめの2式の両辺に $(1+r)$, $(1+r)^2$, … を乗じ，

$$\begin{aligned}M_1 p_{m1} &= (1+r)M_0 p_{m0} - (1+r)M_1 p_{m1}\\&= (1+r)M_0 p_{m0} - (1+r)^2 M_0 p_{m0} + (1+r)^2 M_1 p_{m1}\\&= (1+r)M_0 p_{m0} - (1+r)^2 M_0 p_{m0} + (1+r)^3 M_0 p_{m0} - (1+r)^3 M_1 p_{m1} + \cdots\end{aligned}$$

のように整理しても，「その残余生産手段のなかに正値の M_1 があらわれ」，「M_1 は交互に正値となり負値となり，各々のばあいに $(1+r)$ のより高次の冪を乗じられて，たえず再現するであろう。これがために，一方では諸商品の残余総額が消滅する点に向かうことが不可能となり，他方では」，機械を n 年間使用するとき，耐用年数2のケースと同様，「労働項の和が極限値に向かうことができなくなるであろう」[30]と Sraffa はいう（効率性一定の仮定を外して，その機械による生産物が増加するとすれば，このことは妥当しない）。すなわち，生産手段の価値を直接労働量に還元する手続きをどこまで進めても終了しないのである[31]。

　非結合生産のばあい，「生産手段を形成する諸商品」が「それら自身の生産手段と労働量とによって置きかえ」られるとき，固定資本を除いて，利潤率の変化にともなう「標準商品に対比された各種の期間をもった「還元項」」 $(l^{(n)}w(1+r)^n)$「の値における変動」が問題にされた[32]のに対して，いまの，固定資本を陽表的に含む結合生産のばあい，「種々の利潤率における耐久的

用具の帳簿価値」には，必ず「経過年数」が関係してくるのである[33]。

いま，耐用年数 n の機械は，上と同様に，一定効率をもつとする。$r=0$ ならば，

$$nG_{(g)}p_g = M_0 p_{m0} + n(a_{g1}p_1 + \cdots + a_{nk}p_k + l_g w)$$

で，$nM_{n-1}p_{m(n-1)} = M_0 p_{m0}$．すなわち，もし $r=0$ ならば，機械の価値は毎年，$M_0 p_{m0}$ の $1/n$ だけ均等な率で低下して，「ある与えられた経過年数におけるその価値は，それが「体現している」労働量をあらわす」から，「均等減価割当額」が生産物の同一の構成要素に，その経過年数とは無関係に，「均等な価格を保証することになる。」[34] このような，$r=0$ という，Ricardo 経済学からは容認しがたい特定条件のもとでのみ，機械に関しての Ricardo 的投下労働価値説が妥当するのである。

ところが，$r>0$ ならば，事情はまったく異なる。Sraffa によれば，「異なった経過年数の機械に対しては，異なった費用（「費用」は減価プラス利潤から成る）」が対応し，「それゆえ，年々の減価割当額を，新しい機械に比べて古い機械について増加せしめて，異なった経過年数における費用の均等を回復させるばあいに，はじめて価格の均等を維持することができるのである」[35] じっさい，n 期の産出物の価値は，機械の「価格ないしは帳簿価値」の系列 $p_{m0}, p_{m1}, \cdots, p_{m(n-1)}$ に対して，

$$G_{(g)}p_g = (1+r)(M_{n-1}p_{m(n-1)} + a_{g1}p_1 + \cdots + a_{gk}p_k) + l_g w$$

をみたすが，年金法によれば，

$$M_{n-1}p_{m(n-1)} = M_0 p_{m0} \frac{r(1+r)^{n-1}}{(1+r)^n - 1}$$

で，「年々の減価割当額の和は」機械の初期価格に等しいから，「よりあとの年の割当額は，よりまえの年の割当額が下落するのとちょうど同じだけ，上がらねばならない」，と Sraffa はいう。つまり，

$$\frac{\partial M_{n-1}}{\partial n} < 0, \quad \frac{\partial^2 M_{n-1}}{\partial n \partial r} < 0$$

第 3 章 結合生産体系 | 79

より，「用具の価値は，利潤率が出現するや経過年数にともなって年々ひとしい度合で下落しないで，経過年数が高くなればなるほど，ますます大きな度合で下落するであろう。そして，利潤率が高くなればなるほど，下落の度合のはげしさは，年数の経過につれてますます増大してゆくであろう」[36]と。ゆえに，利潤率が正値をとりながら変化するとき，生産手段の価値は変化せざるをえず，所得分配率から独立した商品価値の決定はもはや不可能となる。

一般に，$r=0$ならば，機械の価値は毎年同じ率で低下するとしてよいが，$r>0$ならば，その低下の率は加速するから，減価総額は機械の初期「価値に対して相対的に騰貴する」[37]。いま，総耐用年数nをもつ機械の，t年後の価値Ωは，その初期価値を1とすれば，

$$\Omega = \frac{(1+r)^n - (1+r)^t}{(1+r)^n - 1} = 1 - \frac{(1+r)^t - 1}{(1+r)^n - 1}$$

であるから，

$$\frac{n-t}{n} < \Omega < 1$$

でなければならない[38]。Sraffaは，このようなケースでの機械価格の「変動は，生産費の側からは説明できない。それは，もっぱら，利潤率が変化するばあいに，」生産物を構成する各生産手段を生産する生産手段「の経過年数にどれだけの差があっても，」生産手段を生産する生産手段「の価格の均等を維持せねばならぬという必要から生ずるのである」，としている。費用のうちの「減価」が耐用期間にわたって一様ではないからである。また，Sraffaは，「若干数のプラントが数年の期間にわたって連続的に建設されるようなとき，」「初期の割当額は，利潤率が低ければ低いほど，大きくなるであろう。その結果として，プラントの建設費が与えられると，必要とされる総純投資は，利潤率が高ければ高いほど，大きくなるであろう」[39]と述べている。こんどは，「減価」が推計できるからである。固定資本を含む価格体系に関して，不変の価値尺度が標準商品からえられるというSraffaの主張を確認するには，彼が示した次の例をフォローするだけで十分であろう。「耐久的用具それ自体は必ずしも負の乗数をともなわない」とし，また，3

年の耐用年数をもつ機械に対して，標準比率を10%とし，0，1，2年の経過年数の機械を用いる3生産プロセスが存在するものとする。機械は，2年経過の100，1年経過の110，新しい121という比率の「乗数をうけとるであろう。それゆえ，年末には，生産物中に見出される各経過年数群の数は，年初に生産手段のなかに含まれていた同じ経過年数のものの数を」10%「だけ超過しているであろう。」すなわち，$100 = (1+0.1)^0 \times 100, 110 = (1+0.1)^1 \times 100, 121 = (1+0.1)^2 \times 100$で，標準比率0.1は不変である。

注
(1) ［1］邦訳 p.72。
(2) ［1］邦訳 p.93。
(3) ［1］邦訳 pp.80-1。
(4) ［1］邦訳 pp.85-6。
(5) ［1］邦訳 p.87。
(6) ［1］邦訳 pp.78-9。
(7) ［1］邦訳 p.86。さらに，Sraffa によれば，「基礎財が価格と利潤率の決定に不可欠の役割をもつのに対して，非基礎財は，かかる役割をもたぬという」商品区分の基準は結合生産においても同じであるが，たとえば基礎財の生産方法における改良が利潤率とすべての価格を変化させ，非基礎財のほうは特定商品の価格へ影響を及ぼすにすぎないといえるのは非結合生産のケースであり，同じ議論を結合生産のケースにまで拡張することはできない。ただし，特定商品の生産に対する「十分の一税」についてはそういえる。「基礎的生産物にたいする租税は，一切の価格に影響を与え，ある与えられた賃金に対応する利潤率を下落せしめるが，他方，租税が非基礎財に課せられると，課税商品の価格および，それと繋がりあっているような他の非基礎財の価格以外に，その影響は及ばないであろう」からである（［1］邦訳 pp.91-2)。このことについて，Ricardo 自身は，「原生産物にたいする租税，地租，あるいは十分の一税の場合には，土地の穀物地代は変動するであろうが，それにたいして貨幣地代はなお以前のままにとどまるであろう」（［5］邦訳 p.182）し，また「地代にたいする租税は，ただ地代だけに影響するであろう」（［5］邦訳 p.200）と述べているが，そうなるのは，Sraffa によれば，土地が非基礎財グループに属するからである。
(8) ［1］邦訳 p.80。
(9) ［1］邦訳 p.89。
(10) 別の見方からすれば，無価値の集計的生産手段の存在自体，資本構成の概念を無意味にし，正の生きた労働の存在さえ疑わしいものにする。

(11) ［1］邦訳 p.90。
(12) Gale が援用したのは「凸集合に関する分離定理」である。なお，B の各列が半正であるという仮定はこの証明には使われていない。
(13) 白杉［17］では，D の階数が $k-n$ 未満となるケースも検討されている。
(14) ［1］邦訳 p.93。
(15) ［1］邦訳 p.94。
(16) ［1］邦訳 pp.94-5。
(17) ［1］邦訳 p.95。
(18) Harcourt［31］には，J. Robinson and K. A. Naqvi［32］における生産技術の再切換えの例が「小体系」の応用として論じられているが，結合生産における「小体系」の方法は明示的ではない。
(19) ［1］邦訳 pp.97-8。
(20) ［1］邦訳 pp.98-100。
(21) ［1］邦訳 p.80。
(22) ［1］邦訳 p.100。
(23) ［1］邦訳 pp.102-4。
(24) ［1］邦訳 pp.105-6。
(25) ［1］邦訳 p.107。
(26) ［1］邦訳 p.108
(27) ［1］邦訳 pp.108-10。
(28) ［1］邦訳 pp.110-2。
(29) Ricardo 年金法と Torrens との関係については，竹永［9］，中村［10］，白杉［17］参照。
(30) ［1］邦訳 pp.112-3。
(31) α 年後の機械価値 M_α に対して，
$$(1+r)(a_{g1}p_1+\cdots+a_{gk}p_k)+l_g w-G_{(g)}p_g$$
$$=M_\alpha p_{m\alpha}-(1+r)M_{\alpha-1}p_{m(\alpha-1)}$$
$$=\theta,\ \alpha=1,\cdots,n$$
とおけば，
$$0=M_n p_{mn}=(1+r)^n M_0 p_{m0}+\theta\frac{(1+r)^n-1}{r}$$
で，$n\neq h$ ならば，
$$0<M_h p_{mh}=(1+r)^h M_0 p_{m0}+\theta\frac{(1+r)^h-1}{r}$$
であるから，$\theta<0$。
(32) ［1］邦訳 pp.58-61。
(33) ［1］邦訳 p.119。

(34) ［１］邦訳pp.114-6。
(35) ［１］邦訳p.116。
(36) ［１］邦訳p.117。
(37) ［１］邦訳p.118。
(38) $\Omega<1$ は明らかである。また，$(n-t)/n<\Omega$ は，
$$(\Omega n-(n-t))((1+r)^n-1)=n-t-n(1+r)^t+t(1+r)^n$$
の右辺が，二項定理を用れば，
$$=n-t-n\left(1+tr+\frac{t(t-1)r^2}{2}+\cdots+r^t\right)$$
$$+t\left(1+nr+\frac{n(n-1)r^2}{2}+\cdots+\frac{n(n-1)\cdots(n-t+1)r^t}{t!}\right)$$
$$+t\left(\frac{n(n-1)\cdots(n-t)r^{t+1}}{(t+1)!}+\cdots+1\right)>0$$
となることからえられる。
(39) ［１］邦訳p.120。

第4章 土 地

4-1 ■ 収穫逓減と差額地代

　Sraffa によれば,「土地や鉱床のように生産に用いられる自然資源で, 供給が不足しているためにその所有者に地代を獲得させるものは, 生産手段のなかで, 生産物中の「非基礎財」の立場に匹敵する立場を占めるといってよ」く, われわれのばあい,「無地代の土地で」(基礎財である)「穀物を生産する」生産プロセス「だけが標準体系の構成に入ることができる。」[1] 逆に, 穀物需要の連続的変化によって基礎財からなる標準体系に変化が生ずるからこそ, 非基礎財のグループに属する土地に地代が発生する, といえる。

　Sraffa は, 肥沃度に差のある土地 $\Lambda_1, \cdots, \Lambda_n$ において同種の, ある穀物が生産されるモデルを提示しているが, ここでは, 当該穀物が生産プロセス P_1 からのみ産出され, P_1 はこれらの土地に応じて $P_1^{(1)}, \cdots, P_1^{(n)}$ のように n 分割されるとし, $P_2, \cdots, P_k$ からはそれぞれ, その穀物以外の商品 2, $\cdots$, 商品 k が産出されるとする（白杉 [17] 参照）。

　いま, $P_1^{(\alpha)}$ において, 商品 h の投入量 $a_h^{(\alpha)}$ および直接労働の投入量 $l_1^{(\alpha)}$ によって $b_1^{(\alpha)}$ の穀物量が産出可能であるとする。穀物価格を p_1, Λ_α に対する地代を ρ_α, 穀物以外の商品 j の価格を p_j, $j=2, \cdots, k$ とすれば, 次の生産

方程式がえられる。

$$b_1^{(1)}p_1 = (1+r)(a_1^{(1)}p_1 + \cdots + a_n^{(1)}p_n + \cdots + a_k^{(1)}p_k) + wl_1^{(1)} + \Lambda_1\rho_1$$
$$\cdots\cdots\cdots\cdots\cdots\cdots\cdots\cdots\cdots\cdots\cdots\cdots\cdots$$
$$b_1^{(n)}p_1 = (1+r)(a_1^{(n)}p_1 + \cdots + a_n^{(n)}p_n + \cdots + a_k^{(n)}p_k) + wl_1^{(n)} + \Lambda_n\rho_n$$
$$b_2 p_2 = (1+r)(a_{21}p_1 + \cdots + a_{2n}p_n + \cdots + a_{2k}p_k) + wl_2$$
$$\cdots\cdots\cdots\cdots\cdots\cdots\cdots\cdots\cdots\cdots\cdots\cdots\cdots$$
$$b_k p_k = (1+r)(a_{k1}p_1 + \cdots + a_{kn}p_n + \cdots + a_{kk}p_k) + wl_k,$$
$$\rho_1\rho_2\cdots\rho_n = 0$$

ただし，a は必ずしも肥沃度の順位を表さない[2]。また，最後の関係式は，無地代の土地が必ず存在することを意味する。

いま，$P_1^{(1)}$ だけが採用され，$\rho_1 = 0$ とする。

$$B^{(1)} = \begin{pmatrix} b_1^{(1)} & 0 & \cdots & 0 \\ 0 & b_2 & \cdots & 0 \\ \vdots & & & \vdots \\ 0 & & \cdots & b_k \end{pmatrix}, \quad A^{(1)} = \begin{pmatrix} a_1^{(1)} & \cdots & a_n^{(1)} & \cdots & a_k^{(1)} \\ a_{21} & \cdots & a_{2n} & \cdots & a_{2k} \\ \vdots & & \vdots & & \vdots \\ a_{k1} & \cdots & a_{kn} & \cdots & a_{kk} \end{pmatrix}$$

とおくとき，$A^{(1)}$ が分解不能ならば，

$$B^{(1)}p^{(1)} = (1+R^{(1)})A^{(1)}p^{(1)}$$

をみたす，一意の $R^{(1)} > 0$ が存在し，成分比が一意の $p^{(1)} > 0$ が存在する。q 体系は，

$$q^{(1)\prime}B^{(1)} = (1+R^{(1)})q^{(1)\prime}A^{(1)}, \quad q^{(1)} > 0$$

で，$q^{(1)}$ の成分比も一意である。

この $R^{(1)}$ は，賃金と地代をゼロとしてえられる標準比率である。土地も賃金財も基礎財ではなく，穀物価格形成の過程で排除されるからである。Sraffa は次のように述べている。すべての土地が同質であるのにもかかわらず，「供給不足」というだけで，「エーカー当たりの均一地代」をもたらす 2

とおりの生産プロセスが存在しうるとすれば、体系は「土地の地代と穀物価格という二つの対応する変数をもった二つの方程式」を含み、「両方程式はともに標準体系に入るであろう」が、「それらの方程式は、反対の符号の、そして、集計すると土地をその体系の生産手段から消去してしまうような値をもった係数をとるであろう」[3]と。

ところで、Sraffa は、収穫逓減について、「異なった品質の土地のばあいは「外延的」収穫逓減の過程の帰結としてたやすく認識されるであろうが、単一の品質の土地で穀物を生産する二つの方法の使用と、「内包的」収穫逓減の過程との間に同様の関連が存在することは、それほど明瞭ではないかも知れない」と述べて、それを費用逓増の意味での収穫逓減をともなう動態過程のなかで解いている。「生産の増大は、より高い単位費用でいっそう多くの穀物を生産する方法が、より少量の生産を行う方法を犠牲にして、徐々に拡大してゆくことによって生じ」、そのことが地代を騰貴させ、この過程の進展を促し、「中間的な方法を犠牲とする第三の方法の徐々の拡大をつうじて、生産増加の新しい局面に対する舞台が用意されるのである。このようにして、生産方法は突発的に変化するけれども、産出高は持続的に増加しうるのである」[4]と。

いうまでもなく、「内包的」収穫逓減とは、一定の広さと一定の肥沃度をもつ土地に対して想定された、前述の Wicksteed や新古典派にみられる収穫法則に照応しているが、Sraffa にとって、肥沃度に限界生産力を対応させたり、土地を肥沃度の順に並べることにあまり意味はない。Ricardo の主な関心も、こうした短期の現象ではなく、長期の、現実に観察される「外延的」収穫逓減の過程のほうにあって、上述のように、実際には人口増加などによる穀物需要の増加に応じて土地の耕作面積が拡大し、肥沃度のちがいが穀物価格の騰貴を招くことから差額地代が（結果的に）観察されるような長期のそれであり、所得分配の動学にあったといえる[5]。したがって、地代は動態過程のなかでみられるのであり、「生産方法」の「突発的変化」（「中間的な方法を犠牲とする第三の方法の徐々の拡大」、すなわち収穫不変という同じ生産構造を与える条件の、時間にわたる「突発的」・断続的な変化）

によって「内包的」収穫逓減は「外延的」収穫逓減に包摂され，長期的には，定常状態に至るまで，肥沃度の差から生ずる，(不連続に上昇する，生産量から独立した平均費用を与える)「外延的」収穫逓減 (Schefold [20] 参照) が現実のものとなろう。こうした状況のもとでは，事後的に観察される正の「差額地代」をもたらす土地と，いまの無地代の限界地がつねに併存するが，需要増加の速度が鈍り，穀物価格の上昇がやめば，地代は自ずと消滅するはずである。

Sraffa によれば，「土地の稀少性は，地代の発生する背景を提供するとはいえ，生産」プロセス「のうちに見出されるべきこの稀少性の唯一の証拠は，方法の二重性である。もし，稀少性がなければ，ただ一つの方法，すなわち，もっとも廉価な方法だけが，その土地に利用されるであろうし，地代は存在しえなかったであろう。」[6] 土地の希少性は地代発生のための十分条件ではあっても，必要条件とは必ずしもなりえない，ということである。Sraffa は，土地の希少性が費用の差から（「方法の二重性」ゆえに結果的に）生じた差額地代によって跡づけうるにすぎず，それをはたして土地の限界生産力に帰着させうるかどうかを問うているのである。それは，Sraffa が一貫して保持し続けている新古典派に対する態度の表れで，限界概念の現実妥当性や限界値の集計可能性に対する彼の強い疑念を示している。現実は，需要が一定であるかぎり，限界生産力のはたらく場のない，（規模に関しても，要素投入比率に関しても）収穫不変の状態にあるとする Ricardo の（おそらく Smith も同じ）立場を Sraffa は堅持しようとしているのである。

4-2 ■ レント

Sraffa は，固定資本が結合生産のなかでうまく処理しうることを示したが，すでに陳腐化したタイプの固定資本については次のように述べている。そうした「機械は，それが現在では生産されていないけれども，生産手段として用いられている限りにおいて，土地に類似」し，同じく，旧式だが，いまだに「なお稼ぎうるだけのものを得るために使用するに足る固定資本項目に対

しては，(マーシャルの用語を彼よりもいっそう限定した意味に用いてよいとすれば) 準地代が受取られる」[7]と。Sraffa は土地を基本方程式には組み入れていない。この Sraffa 的準地代ないしレントも「土地の地代とちょうど同じ方法で決定される。そして，土地と同様，かような陳腐化した用具は，非基礎財の特性をもっていて，標準商品の構成から除外されるのである。」[8] 新古典派的にいえば，こうした財の生産には，いかなる犠牲（コスト）もともなわないから，レントは，競争原理が正常にはたらかないところに発生するはずである。このとき，そうした状況は，ふつう収穫逓増下で発生する独占のケースを除けば，一時的・短期的な財の供給不足によって生じ，価格はほぼ需要要因によって決まるが，長期的には供給不足も解消され，レントは次第に消滅していく，とされる。そうではない。逆である。レントは短期ではけっして発生しえず，長期においてこそ生ずる，ある剰余である。Sraffa にとって (Ricardo にとっても)，短期の考え方は重要ではない。「固定資本」の言葉が使われていても，それは長期の意味で捉えられている。「マーシャルの用語を彼よりもいっそう限定した意味に用いてよいとすれば」とは，Marshall 的レントを長期レントに「限定する」という反語ではなかったか。すなわち，コストがゼロであるのにその所有者に長期的に剰余を生じさせる，(新古典派ではあつかいにくい) 財の範疇をどこまで明確にしうるか，という問いに Sraffa は標準商品の概念によってかきかえられた Ricardo 差額地代論をとおして答えようとしているのである。

　標準体系は，非結合生産ならば，正の「乗数」をもつ基礎財によって構成され，結合生産ならば，非ゼロの「乗数」を受けとる商品によって構成される。非基礎財は，いずれのばあいも標準体系から排除され，ゼロの「乗数」を受けとる。非基礎財の生産に正の（正確には非ゼロの）コストがともなうはずはないから，その所有者に長期的に正の剰余を発生させる財は，標準体系からはずれた非基礎財のグループに属するものでなければならない。そうした財の生産にともなって発生する長期的剰余こそがレントである。

　成長要因のないところにレントが発生しえないのは確かであるが，成長は労働力人口の伸び，生産性の向上などの要因の他に自然条件の変化，経済体

制の変化，あるいは組織を利用した政治的な人為的戦略などによってもたらされるから，レントの帰属先は事後的にある程度知られても，その生成過程を一通りの形式でくくるのは困難であり，標準体系の時間的変化のなかで捉える以外にない。

現代経済学では，資本，労働，土地は生産の3要素とされ，とくに労働と土地は本源的生産要素とよばれ，生産された生産手段である資本とは区別される。Sraffa にとって，労働と土地以外にも，本源的生産要素と同じ性質をもつ資源はすべて非基礎財の「特性」をもっている。非基礎財はけっして価値の標準を構成しない。Sraffa は，基礎財からなる，生産された生産手段としての「資本」が，特定のケースを除いて，非基礎財グループに属する，いかなる財にも「還元」できないことをわれわれに伝えようとしているようにおもわれる。すなわち，そこには，そのベースが「基礎的生産物による基礎的生産物の生産」にあるにもかかわらず，非基礎財の絶え間ない生産・再生産を余儀なくされている現代資本主義社会のすがたが描かれているのである。ただし，そこに標準体系の時間的・内生的変化が具体的に示されているわけではない。この問題に答えようとしたのが第三部「生産方法の切替え」であった，とおもわれる。

注
(1) ［1］邦訳 pp.123-4。
(2) Sraffa によれば，肥沃度の差は「地代そのものの大きさと同様，」利潤率や賃金率とともに変動する。また，彼は，生産方程式に農産物の多様性を考慮するとき，非結合生産体系と結合生産体系の両方が導出される可能性を示唆しているが，そこに「独立」な生産プロセス「の数が，土地の品質の数とこれに関連している生産物の数との和にひとしい」という条件を課している。Sraffa は，もし生産物と土地「の繋がりが一切の土地を生産物の側の非基礎財とともに標準商品から排除して，標準商品を構成できるようなものであったならば，上記の条件は充たされるであろう」としているが，これは，生産プロセスの数と生産物の数が一致して，産出行列が逆行列をもち，産出行列と投入行列の関係が非基礎的生産物を排除しうるものでなければならないという彼独自のモデル構成の方法による。
(3) ［1］邦訳 pp.125-6。

(4) ［1］邦訳 pp.126-7。
(5) 　地代発生の原因を連続的需要増加に求め，相補スラック性の定理によってその一般化を試みた N. Salvadori［36］らの貢献については，白杉［17］に詳細かつ綿密な検討がある。
(6) ［1］邦訳 p.127。
(7) ［1］邦訳 pp.130-1。
(8) ［1］邦訳 p.131。

補　論
生産方法の切換え

　Ricardo は，よく知られているように，『経済学および課税の原理』第三版において，初版と第二版にはなかった「機械について」の章（第三十一章）をあらたに設け，そのなかで，労働節約的な「機械の充用は」「資本および労働を一つの用途から他の用途へ移動させるにあたって大抵の場合にともなう程度の不都合」を別にすれば，社会全体にとって「全般的利益である」ようにはたらくとしていた，それまでの自身の見解を改め，「機械を人間労働に代用することは，労働者階級の利益にとってしばしばはなはだ有害である，と確信するにいたっている」ことを表明した。それまで「全般的利益」になるとしていたのは，「機械使用の結果」，地主は，いくつかの「支出対象」商品の価格下落によって「利益を受けるであろうし」，一時的に追加利潤を獲得した資本家も「競争の結果として，」「以前と同額の貨幣利潤を取得し，」「労働者階級も，また，同額の貨幣賃金でもって，より多くの商品を購買する資力をもつであろう」し，あらたな消費需要によって雇用が増加して，「賃金はすこしも低下しないように思われたから」である。しかし，Ricardo があらためて注目したのは，資本蓄積と人口増加にともなう，次のような現実であった。賃金財の価格はその供給不足のために騰貴せざるをえず，「そして賃金が上昇するごとに，それは貯蓄された資本を以前より大きな割合で機械の使用に向かわせる傾向をもつであろう」し，また機械と労働

の不断の競争により，「前者は，しばしば，労働が騰貴するまでは使用されえない」という事実であった。すなわち「労働にたいする需要は資本の増加とともにひきつづいて増加するであろうが，しかしその増加に比例してではない，その比率は必然的に逓減的比率であろう」，と。ゆえに，労働は資本に対して相対的に過剰となり，賃金はやがて低下して，「労働者の状態を悪化させることがありうる」，とされたのである。つまり，「社会の純所得が増加するときにはいつでも，その総所得もまた増加するであろうという，想定から」「誤解」が生じたのであり，「機械の発明および使用は総生産物の減少を伴うことがあるであろう」，と（[5] 邦訳 pp.444-56)。

いま，結合生産のもとでの生産方程式を再記すれば，

$$b_i'p=(1+r)a_i'p+wl_i, \ i=1, \cdots, k$$

ただし，b_i', a_i' はそれぞれ生産プロセス P_i における産出行ベクトル，投入行ベクトルを，l_i は直接労働の投入量を表す。また，p は商品 j の価格 p_j を第 j 成分とする価格列ベクトル，r は利潤率，w は賃金率を表す。

生産方程式より，P_i における相対的分け前が

$$\frac{利潤}{賃金}=\frac{ra_i'p}{wl_i}=\frac{r}{wR_i}, \ i=1, \cdots, k$$

のように求まる。生産方程式を Ricardo 的に，

$$b_i'p=(1+r)(a_i'p+wl_i), \ i=1, \cdots, k$$

としても，上の相対的分け前に r が加わるだけである。

さて，成長経済において，「労働節約的」な機械が大域的に導入され，どの $a_i'p/l_i$ も一様に大きくなり，労働生産性が上昇すると，物価が一様に下落する（「総所得」の構成要素 $b_i'p$ も低下する）。このとき，Ricardo によれば，p_i と l_i は同じ方向に変化するが，$a_i'p/l_i=1/R_i$ の一様増大により，a_i' の各成分も平均的に増大する。物価下落とともに，w が低下していくが，Ricardo には，$r=R(1-w)$ の関係が欠如しているから，w の低下が r の上昇を意味し，それが上の相対的分け前の上昇につながるという文脈はたどれ

ない。もし r/R_i が全体として（平均して）安定し，R_i の平均値と r がほぼ同じ方向へ動くとすれば，（Ricardo にはない結合生産においても）労働不利の傾向は強化されていくことになる。

　Sraffa は，機械導入によって生ずるこの所得分配上の関係を，「標準比率」の変化をとおした「生産方法の切換え」一般に付随する現象と捉えているようである。以下では，それを簡単な線形生産モデルによって検証してみる。

　いま，商品 1，2 を産出する代替的生産プロセス P_I，P_II が存在し，商品 1，2 を産出するもう 1 つの生産プロセス P_2 が存在するとし，次のような生産方程式を考える。

$$\begin{cases} b_{(\mathrm{I})1}p_1+b_{(\mathrm{I})2}p_2=(1+r_{(\mathrm{I})})(a_{(\mathrm{I})1}p_1+a_{(\mathrm{I})2}p_2)+w_{(\mathrm{I})}l_{(\mathrm{I})} \\ b_{(\mathrm{II})1}p_1+b_{(\mathrm{II})2}p_2=(1+r_{(\mathrm{II})})(a_{(\mathrm{II})1}p_1+a_{(\mathrm{II})2}p_2)+w_{(\mathrm{II})}l_{(\mathrm{II})} \end{cases}$$
$$b_{21}p_1+b_{22}p_2=(1+r_2)(a_{21}p_1+a_{22}p_2)+w_2l_2$$

ここで，$b_{(\mathrm{I})j}$，$a_{(\mathrm{I})j}$，$l_{(\mathrm{I})}$ は，それぞれ生産プロセス P_I における商品 j の産出量，商品 j の投入量，直接労働の投入量を表す。

　まず，非結合生産を想定し，商品 1 は 2 とおりの生産方法によって生産され，商品 2 のほうは 1 とおりであるとする。価格体系も 2 とおりになるが，もし生産方程式の片方に非基礎的生産物が含まれていると，一方の該商品の価格変化は他方の商品価格に影響を及ぼさないから，次の体系(I)，(II)には，同じ r と w が現れるはずである。

(I) $\begin{cases} b_{(\mathrm{I})1}p_1=(1+r)(a_{(\mathrm{I})1}p_1+a_{(\mathrm{I})2}p_2)+wl_{(\mathrm{I})} \\ b_2p_2=(1+r)(a_{21}p_1+a_{22}p_2)+wl_2 \end{cases}$

(II) $\begin{cases} b_{(\mathrm{II})1}\bar{p}_1=(1+r)(a_{(\mathrm{II})1}\bar{p}_1+a_{(\mathrm{II})2}\bar{p}_2)+wl_{(\mathrm{II})} \\ b_2\bar{p}_2=(1+r)(a_{21}\bar{p}_1+a_{22}\bar{p}_2)+wl_2 \end{cases}$

「ある与えられた一般利潤率の水準において，新プラントを建設する生産者にとっては，もちろん，より低い価格で生産する方法が，二つのうちで最も有利である」（[１] 邦訳 p.135）が，このとき，標準商品が存在しないから，$r=R(1-w)$ の関係は成立せず，(I)と(II)の「生産方法の切換え」が資本

補論　生産方法の切換え | 95

と労働のどちらに有利にはたらくかははっきりしない。

ところが，両体系が基礎的生産物から構成されるならば，2生産方法の存在は「別個の極大利潤率をもった別個の経済体系」の存在「を意味し」，「二方法による価格の比較は無意味となる」（[1]邦訳 pp.136-7）。すなわち，

(I) $\begin{cases} b_{(I)1}p_1 = (1+r_{(I)})(a_{(I)1}p_1 + a_{(I)2}p_2) + w_{(I)}l_{(I)} \\ b_2p_2 = (1+r_{(I)})(a_{21}p_1 + a_{22}p_2) + w_{(I)}l_2 \\ r_{(I)} = R_{(I)}(1-w_{(I)}) \end{cases}$

(II) $\begin{cases} b_{(II)1}\bar{p}_1 = (1+r_{(II)})(a_{(II)1}\bar{p}_1 + a_{(II)2}\bar{p}_2) + w_{(II)}l_{(II)} \\ b_2\bar{p}_2 = (1+r_{(II)})(a_{21}\bar{p}_1 + a_{22}\bar{p}_2) + w_{(II)}l_2 \\ r_{(II)} = R_{(II)}(1-w_{(II)}) \end{cases}$

の両体系において，「生産価格がひとしくなるような，」

$$\frac{b_2p_2}{b_{(I)1}p_1} = \frac{b_2\bar{p}_2}{b_{(II)1}\bar{p}_1}$$

を成立させる利潤率においてのみ，2方法の「共存」は意味をもつにすぎない。「共存」が可能であるとき，$r_{(I)} = r_{(II)} = r$, $w_{(I)} = w_{(II)} = w$ でなければならず，$R_{(I)} = R_{(II)} = R$ に対して，同じ p_1/p_2, R, r/w が体系(I)からも体系(II)からも定まり，r と w の絶対水準が決まるから，それ以外の r ないし w の水準に対しては，体系(I)と体系(II)との交わりは空となる。Sraffa は次のようにいう。もし「k コの基礎的方程式と（$k-1$ コの価格，賃金 w，利潤率 r をあらわす）$k+1$ コの未知数とをもってすれば，」「さらにもう一つの基礎的方程式（ないし生産方法）の存在する余地がある」。「しかしながら，$k+1$ コの生産方法をもってすれば，もはや利潤率を任意に変えることはできなくなって，その水準はいまや完全に決定されるのである。他のいかなる利潤率の水準においても，二つの方法は両立しえず，それらの方法が属している二つの別個の体系は，接触点をもたない」（[1]邦訳 p.137）と。

では，はたしてこれら2方法が「両立しえないような利潤率においてさえ，同一体系内で比較が可能」であるようにできるであろうか。Sraffa は，「いま問題の商品が銅であるとし，それがIおよびIIとよぶ二つの方法で生産することができる」とき，「二つの方法の生産物（銅Iおよび銅II）は，基礎

的な用途に対しては，異なった方法で生産された同一商品である」から，「体系Ⅰにあって銅Ⅱを非基礎的とみなすものと仮定することもできるし，体系Ⅱにあって銅Ⅰを非基礎的とする仮定を立てることもできる」，とする。すなわち，体系(Ⅰ)または(Ⅱ)の一方だけが非基礎的生産物を含み，$R_{(Ⅰ)}$と$R_{(Ⅱ)}$のどちらかが定義できないようにすればよいのである。そうすれば，「一切の基礎的な用途に対しては，二方法間の選択は，もっぱら廉価なことが根拠となるであろうし，同時に，特殊な非基礎的用途は，体系の如何にかかわらず，両方法がつねにある程度までは用いられることを保証するであろう」，と（［１］邦訳 pp.137-8）。

このように，基礎的生産物からなる体系においては，生産方法の切換えは，標準比率に変化がないかぎり行われないはずである。Sraffa は，たとえば $R_{(Ⅱ)} > R_{(Ⅰ)}$ のとき，体系(Ⅱ)は，「利潤率が比較的高いときにはもっとも有利であるが，」逆の場合は逆「であると，一般にいい切ることはできない」が，それでも「利潤率のいっそう高い領域」「において，生産手段に対する生産物のより高い」体系(Ⅱ)の「方法は，基礎的生産物にとって唯一の可能な方法であるから，」「利潤率が上がるばあいの唯一の可能な切り換えは，」体系(Ⅰ)から体系(Ⅱ)への「切り換えだということになる」（［１］邦訳 pp.140-1）と結論する。ここで，「生産手段に対する生産物のより高い」体系といわれるのは，

$$\frac{b_{(Ⅰ)1}p_1}{a_{(Ⅰ)1}p_1+a_{(Ⅰ)2}p_2}=1+r_{(Ⅰ)}+\frac{w_{(Ⅰ)}l_{(Ⅰ)}}{a_{(Ⅰ)1}p_1+a_{(Ⅰ)2}p_2}$$

$$\frac{b_{(Ⅱ)1}\bar{p}_1}{a_{(Ⅱ)1}\bar{p}_1+a_{(Ⅱ)2}\bar{p}_2}=1+r_{(Ⅱ)}+\frac{w_{(Ⅱ)}l_{(Ⅱ)}}{a_{(Ⅱ)1}\bar{p}_1+a_{(Ⅱ)2}\bar{p}_2}$$

において，第２式の左辺が第１式のそれより大きいときであり，$r_{(Ⅱ)}$の上昇幅が$r_{(Ⅰ)}$のそれより確実に大きいといえるのは，第２式の右辺第３項が第１式のそれより小さいときであり，したがって，体系(Ⅱ)がより労働節約的となるときである。このように，Sraffa は，「標準比率」の変化をとおしてのみ，労働が長期にわたり不利を被るという，Ricardo の命題を承認するのである。

非結合生産において，生産方法の切り換えの基準は，同じ「生産価格」を与えるような利潤率であったが，結合生産ならば，「これに相当するものというのは，k コの商品のそれぞれが新方法によると旧方法によるとを問わず，同一の価格で生産されるような利潤率」でなければならない。もちろん，$k+1$ プロセスに対して，k プロセスからなる体系をつくるとき，生産方法の切換えの条件として，各体系は新方法を含むが，「それぞれ順次に k コの旧方法のうちの一つを欠いているもの」でなければならない（[5]邦訳 p.144）。

(I) $\begin{cases} b_{(\mathrm{I})1}p_1 + b_{(\mathrm{I})2}p_2 = (1+r_{(\mathrm{I})})(a_{(\mathrm{I})1}p_1 + a_{(\mathrm{I})2}p_2) + w_{(\mathrm{I})}l_{(\mathrm{I})} \\ b_{21}p_1 + b_{22}p_2 = (1+r_{(\mathrm{I})})(a_{21}p_1 + a_{22}p_2) + w_{(\mathrm{I})}l_2 \\ r_{(\mathrm{I})} = R_{(\mathrm{I})}(1-w_{(\mathrm{I})}) \end{cases}$

(II) $\begin{cases} b_{(\mathrm{II})1}\bar{p}_1 + b_{(\mathrm{II})2}\bar{p}_2 = (1+r_{(\mathrm{II})})(a_{(\mathrm{II})1}\bar{p}_1 + a_{(\mathrm{II})2}\bar{p}_2) + w_{(\mathrm{II})}l_{(\mathrm{II})} \\ b_{21}\bar{p}_1 + b_{22}\bar{p}_2 = (1+r_{(\mathrm{II})})(a_{21}\bar{p}_1 + a_{22}\bar{p}_2) + w_{(\mathrm{II})}l_2 \\ r_{(\mathrm{II})} = R_{(\mathrm{II})}(1-w_{(\mathrm{II})}) \end{cases}$

において，$r_{(\mathrm{II})} > r_{(\mathrm{I})}$ と $R_{(\mathrm{II})} > R_{(\mathrm{I})}$ が両立するとき，はじめて生産方法は(I)から(II)へ切換えられるが，この条件がいつでもみたされるという保証はない。賃金率が $w_{(\mathrm{II})} < w_{(\mathrm{I})}$ とはかぎらないからである。したがって，利潤率が上昇するとき，最大賃金率を与えるような(I)が放棄されて，旧方法に組み入れられ，(II)が新生産方法の候補となるといってよい。このように，結合生産においても，生産方法の切換えによる労働不利の状況は標準比率の変化を導入することによって，はじめて確認しうるのである。

　この切換えの過程について，Sraffa は，まず，ある体系における利潤率がわずかに上昇するときには，賃金率は相対的に低下するであろうが，「賃金は（同じ標準であらわされていても），各体系にとって異なるであろう」から，賃金低下の程度の最も小さい，「新たに与えられた利潤率で最高の賃金を可能にするような体系を考察しよう」と述べて，生産方法の切換えの基準を賃金低下の上限を与える体系の存在に求めている。すなわち，「もし利潤率に代えて賃金を与えられたものとみなすとすれば，この体系がまた，もっとも有利な体系でもあるということがわかるであろう。なぜなら，いずれか

の賃金が与えられると，」同じ低下率ならば，より高い賃金率はより大きく低下し，「それは他のいかなる体系よりも高い利潤率の支払を可能にするであろうから」（［１］邦訳 pp.144-5）と。こうした比較ができるのも，「この体系は，その構成要素のうちから，他のすべての体系に存在する特定の一生産方法が欠如していることによって，区別される」からである。そこで，Sraffa は次のように結論する。「かくて，」生産量の連続的変化にともない，「その特定の生産方法が新しい事情の下で利用してもっとも利益のうすいものであることが示されるのであり，したがって，それが」不連続的に「新しい方法によって取って替られる方法だということになる」（［１］邦訳 p.145）と。この論述は Ricardo の先の想定，「資本および労働を一つの用途から他の用途へ移動させるにあたって大抵の場合にともなう程度の不都合」が無視しうるという想定を反映したものといえる。Sraffa のばあい，生産方法の切換えの過程において，標準比率の変化にともない生産量が不連続になるというの意味での「不都合」は一切存在しない。このゆえに，Ricardo が非結合生産のもとで予想し，Sraffa が敷衍した，生産方法の切換えにともなう労働不利の一般的傾向は，Ricardo にはない結合生産においても（標準比率の変化を考慮すれば），等しく妥当するのである。

参考文献

[1] P. Sraffa, *Production of Commodities by Means of Commodities: Prelude to a Critique of Economic Theory*, Cambridge University Press. 1960. 菱山泉・山下博訳『商品による商品の生産―経済理論批判序説―』有斐閣，1962.
[2] P. Sraffa, Sulle relazioni fra costo e quantità prodotta, *Annali di Economia*, II, 1925. 菱山泉・田口芳弘訳『経済学における古典と近代―新古典学派の検討と独占理論の展開―』有斐閣，1956, 所収.
[3] P. Sraffa, The Laws of returns under competitive conditions, *Economic Journal*, XXXVI, 1926. 菱山泉・田口芳弘訳『経済学における古典と近代―新古典学派の検討と独占理論の展開―』有斐閣，1956, 所収.
[4] A. Marshall, *Principles of Economics*, 1890, 8th ed., 1920. 馬場啓之助訳『経済学原理』第一巻～第四巻，東洋経済新報社，1965～7.
[5] D. Ricardo, *On the Principles of Political Economy and Taxation*, 1817, 2nd ed., 1819, 3rd ed., 1821, in *The Works and Correspondence of David Ricardo*, edited by P. Sraffa with the collaboration of M. H. Dobb, Cambridge University Press, 1951-55. 堀経夫訳『経済学および課税の原理』，P. スラッファ編『リカードウ全集』第一巻，雄松堂書店，1972.
[6] A. Smith, *An Inquiry into the Nature and Causes of the Wealth of Nations*, 1776, 5th ed., 1789. Edited by E. Cannan. 6th ed., 1950. 2vols. 大内兵衛・松川七郎訳『諸国民の富』全5冊，岩波書店，1959.
[7] P. Sylos Labini, Sraffa's Critique of the Marshallian Theory of Prices, *Essays on Piero Sraffa: Critical Perspectives on the Revival of Classical Theory*, edited by K. Bharadwaj and B. Schefold, Unwin Hyman, 1990.
[8] 二階堂副包『経済のための線型数学』培風館，1961.
[9] 竹永進『リカード経済学研究―価値と貨幣の理論―』御茶の水書房，2000.
[10] 中村廣治『リカードウ経済学研究』九州大学出版会，1996.
[11] 置塩信雄『マルクス経済学―価値と価格の理論―』筑摩書房，1977.
[12] U. Krause, *Geld und abstrakte Arbeit: Über die analytischen Grundlagen*

der Politischen Ökonomie, Campus, 1979. 高須賀義博監訳『貨幣と抽象的労働―政治経済学の分析的基礎―』三和書房, 1985.

[13] 菱山泉『スラッファ経済学の現代的評価』京都大学学術出版会, 1993.

[14] M. Desai, *Marxian Economics*, Basil Blackwell. 1979. 馬渡尚憲・石橋貞男・奥山忠信訳『マルクス経済学』御茶の水書房, 1981.

[15] 平瀬巳之吉『経済学の古典と近代』時潮社, 1954.

[16] K. Marx, *Das Kapital. Kritik der poltishen Ökonomie*, 1867. Karl Marx-Friedrich Endels Werke, Band 23, Dietz Verlag, Berlin, 1962. マルクス・エンゲルス全集刊行委員会訳『資本論』大月書店, 1968.

[17] 白杉剛『スラッファ経済学研究』ミネルヴァ書房, 2005.

[18] 藤田晋吾『スラッファの沈黙―転形問題論争史論―』東海大学出版会, 2001.

[19] G. Pilling, *Crisis of Keynesian Economics: A Maxist View*, Croom Helm, 1986. 飯田和人・井上博夫・高橋輝好訳『ケインズ経済学の危機―経済学批判として―』昭和堂, 1991.

[20] B. Schefold, *Mr Sraffa on Joint Production and Other Essays*, Unwin Hyman, 1989.

[21] B. Schefold, Fixed Capital as a Joint Product and the Analysis of Accumulation with Different Forms of Technical Progress, in *Essays on the Theory of Joint Production*, edited by L. L. Pasinetti, Macmillan, 1980. 中野守・宇野立身訳『生産と分配の理論―スラッファ経済学の新展開―』日本評論社, 1988.

[22] J. von Neumann, Über ein Ökonomisches Gleichungssystem und eine Verallgemeinerung des Brouwerschen Fixpunktsazes, in *Ergebnisse eines Mathematischen Kolloqiums*, edited by K. Menger (Leipzig: Franz Deuticke, 1935). (英訳) A Model of General Economic Equilibrium, *Review of Economic Studies*, Vol. 13, 1945/6.

[23] J. G. Kemeny, O. Morgenstern, and G. L. Thompson, A Generalization of the von Neumann Model of Expanding Economy, *Econometrica*, Vol. 24, 1956.

[24] C. W. Howe, An Alternative Proof of the Existence of General Equilibrium in a von Neumann Model, *Econometrica*, Vol. 28, 1960.

[25] A. W. Tucker, Dual Systems of Homogeneous Linear Relations, in *Linear Inequalities and Related Systems*, edited by H. W. Kuhn and A. W. Tucker,

Princeton University Press, 1956.
- [26] D. Gale, The Closed Linear Model of Production, in *Linear Inequalities and Related Systems*, edited by H. W. Kuhn and A. W. Tucker, Princeton University Press, 1956.
- [27] D. Gale, *The Theory of Linear Economic Models*, McGraw Hill, 1960. 和田貞夫・山谷恵俊訳『線型経済学』紀伊國屋書店, 1964.
- [28] G. L. Thompson, On the Solution of a Game-Theoretic Problem, in *Linear Inequalities and Related Systems*, edited by H. W. Kuhn and A. W. Tucker, Princeton University Press, 1956.
- [29] C. F. Manara, Sraffa's Model for the Joint Production of Commodities by Means of Commodities, in *Essays on the Theory of the Joint Production*, edited by L. L. Pasinetti, Macmillan, 1980. 中野守・宇野立身訳『生産と分配の理論―スラッファ経済学の新展開―』日本評論社, 1988.
- [30] D. Hawkins and H. A. Simon, Note: Some Conditions of Macro Economic Stability, *Econometrica*, Vol. 17, 1949.
- [31] G. C. Harcourt, *Some Cambridge Controversies in the Theory of Capital*, Cambridge University Press, 1972. 神谷傳造訳『ケムブリジ資本論争』日本経済評論社, 1980.
- [32] J. Robinson and K. A. Naqvi, The Badly Behaved Production Function, *Quarterly Journal of Economics*, LXXXI, 1967.
- [33] M. Morishima, *Marx's Economics: A Dual Theory of Value and Growth*, Cambridge University Press, 1973. 高須賀義博訳『マルクスの経済学―価値と成長の二重の理論―』東洋経済新報社, 1974.
- [34] M. Morishima and G. Catephores, *Value, Exploitation and Growth: Marx in the Light of Modern Economic Theory*, McGraw Hill, 1978. 高須賀義博・池尾和人訳『価値・搾取・成長―現代の経済理論からみたマルクス―』創文社, 1980.
- [35] I. Steedman, Positive Profits with Negative Surplus Value, *Economic Journal*, vol. 85, 1975.
- [36] N. Salvadori, Land and Choice of Techniques within the Sraffa Framework, *Australian Economic Papers*, 25, 1986.

● 著者略歴

井上　博夫（いのうえ　ひろお）
1943年　熊本県生まれ
1968年　明治大学大学院政治経済学研究科経済学専攻博士課程
　　　　中退（単位取得）
現　在　明治大学政治経済学部教授

《著書・訳書》
単　著　『線形経済学―非負解の存在・双対性をめぐって―』
　　　　白桃書房，2001.
共　著　『経済学基礎理論』中央経済社，1996.
共　訳　G. ピリング『ケインズ経済学の危機・経済学批判として』
　　　　昭和堂，1991.

● スラッファの経済　　　　　　　　　　　　〈検印省略〉

● 発行日――2010年4月26日　初版発行

● 著　者――井上博夫

● 発行者――大矢栄一郎

● 発行所――株式会社　白桃書房
　　　　　　〒101-0021　東京都千代田区外神田5-1-15
　　　　　　☎03-3836-4781　📠03-3836-9570　振替00100-4-20192
　　　　　　http://www.hakutou.co.jp/

● 印刷／製本――藤原印刷

Ⓒ Hiroo Inoue 2010 Printed in Japan ISBN978-4-561-96119-2 C3033

JCOPY＜(社)出版者著作権管理機構委託出版物＞
本書の無断複写は著作権法上での例外を除き禁じられています。複
写される場合は，そのつど事前に，(社)出版者著作権管理機構（電話
03-3513-6969，FAX03-3513-6979，e-mail：info@jcopy.or.jp）の
許諾を得てください。
落丁本・乱丁本はおとりかえいたします。

井上博夫 著

線形経済学
非負解の存在・双対性をめぐって

大学生を対象に，モデルはマイナスでない産出量，マイナスでない価格をもつことができるかなどの問題等，1次式で表される＜線形の＞経済モデルを，主として，非負解の存在と双対性の点から論ずる。

ISBN978-4-561-95082-0 C3033　A5判　244頁　本体 2,500 円